ウー・ウェンクッキングサロン
読本1　小麦粉料理

どうしてもわからなかった おいしさのひみつ

ウー・ウェン著

もくじ

はじめに　ウー・ウェンクッキングサロンのご案内

中国の主食・小麦粉料理

みなさんは、餃子《ジアオズ》（ギョーザ）を皮から手作りしたことがありますか？「そんな難しいことを…」とおっしゃらないでください。

中国の中でも、私が生まれ育った北京は、その気候・風土から、南の米食に対して粉食が発達し、日本の米にあたる主食が小麦粉です。ですから、北京の人びとは幼い頃から小麦粉をこねて、のばして、包んでの扱いを肌で覚え、水と粉だけ、または、油や塩をプラスするくらいのごく単純な材料から、実に多彩な小麦粉料理を作り上げます。

餃子を例に挙げれば、北京で餃子と言えば「ゆで餃子」のことを指します。水も粉もはかることもなく混ぜ合わせ、あっという間にコシのつよい皮をこね、出盛りの野

菜に相性のよい肉を組み合わせて作ったあんを包んでゆでます。あつあつのゆで立ては、本来、何もつけずに味わい、残りものの冷めたゆで餃子を、翌日、煎餃《ジアンジアオ》＝焼き餃子にする、というのが一般的です。

中国の家庭料理〜医食同源の知恵〜

このように、餃子ひとつとっても、日本で知られているのとはずいぶんと違いがあることに気がつき、「本当の中国の家庭料理」が日本では紹介されていないことに思い至りました。

祖母や母が作ってくれて、私が食べて育ってきたもの、中国には家庭にも医食同源の考えが深く入り込んでいますから、それらをふまえた、現在の中国の家庭料理とそれを作る主婦（プラス主夫）のおかず作りの知恵をご紹介したいと始めたのが、このクッキングサロンです。

今まで日本で紹介されてきた中国料理は、主にプロがお店で作ってきたもののように思います。中国でも、家庭ではテレビなどでおなじみのゴーっと吹き上がるような強い火を使うわけではなく、みなさんと同じ、ごく普通の火で調理しています。道具も特別なものはなく、むしろ、ごく少ない鍋や道具で作れる、といってよいでしょう。

初心者も楽しく！　北京の暮らしや文化もご紹介

サロンでは、日本で手に入る材料と単純な作り方で、しかもおいしく仕上がる、家庭的な「小麦粉料理」から始めます。

もちろん、作りやすい分量で、道具も家庭的なものを吟味し、やさしくお教えしていますので、初心者でも楽しく始められます。「餃子」や「焼麦《シャオマイ》（シューマイ）」など日本でもおなじみのもの、「水煎包《スイジアンバオ》」などあまり知られていない珍しいもの、より本格的な粉もの、小籠包《シャオロンバオ》のように技もプロ並みに難しいものも登場し、小麦粉料理の奥深さを味わっていただけます。そして同時に、北京の暮らし、考え方や食生活、文化の違い、さまざまな話も織りまぜてすすめていきます。

この本でも実際のサロンの形式にのっとって、いつもお話しする食文化講義から始まり、実習へと移っていきます。この本を手にとってくださった方々をサロンにお招きする気持ちで、ふだんのまま飾らずに再現いたしました。

おいしい小麦粉料理の世界に触れながら、中国そのものを少しでもご理解いただけたら、これほどありがたいことはありません。

メニューのご案内

中国の首都北京は、日本ではあまり知られていない小麦粉料理がたくさんあります。たとえば手作りの皮と季節料理のあんが絶妙の餃子の数々、ねぎと小麦粉を練って、ひとひねりして焼くだけの香ばしい葱花餅《ツォンホアビン》。この本では、こうしたシンプルでおいしい小麦粉料理をご紹介しながら、作り方のひけつを北京っ子のウー・ウェンが、やさしくお教えします。

1 水餃子《スイジアオズ》

ゆで餃子。皮はもちもち、あんは季節の野菜で楽しみましょう→22頁。

2 小餃子《シャオジアオズ》

皮はやわらかめで形は小ぶりの一口サイズ、あんは多めの上品餃子→36頁。

3

蒸餃子《チュンジァオズ》

飲茶でおなじみ、えび蒸し餃子。
えびの食感を楽しみます↓40頁。

4

鍋貼《ゴーティエ》

焼き餃子。同じ餃子を焼くだけと思ったら
大間違い！　実は皮から違います↓48頁。

5

春餅《チュンビン》

中国の春を祝う大切な食べ物。
北京ダックの皮もこれです↓56頁。

6

家常餅《ジャアチャンビン》・葱花餅《ツォンホアビン》

もっともポピュラーな主食の一つ。どんな
おかずにも合う、手軽な餅《ビン》↓64頁。

7

焼餅《シャオビン》（椒塩焼餅《ジャオイエンシャオビン》・麻醤焼餅《マアジャンシャビン》）

口当たりのよい生地を使った北京の
小麦粉料理ではポピュラーな一品↓70頁。

8
空心餅《コンシンピン》
西太后《せいたいこう》の好物。中を空洞にした空心餅にひき肉そぼろを詰める素朴な一品↓78頁。

9
油条《ヨウティアオ》・油餅《ヨウビン》
朝食のお粥や豆乳に欠かせない、北京の小麦粉ものの一番人気。↓86頁。

10
焼麦《シャオマイ》
シューマイの美しい成型はとても楽しいです↓96頁。

11
担々麺《タンタンミエン》
蒸し暑い四川盆地の気候が生んだ独特の麻辣風味、夏向きです↓106頁。

12
炸醤麺《ジャージャンミエン》
生地に塩分がないので、みそがおいしくたくさんいただけます↓114頁。

13
花巻《ホアチュアン》
発酵生地で花模様に成型した饅頭《マントウ》の一種。
中国人の油使いに感心するはずです↓124頁。

14
金銀絲巻《ジンインスーチュアン》
外側が蒸しパンで内側が麺という
北京名物の饅頭《マントウ》。↓134頁。

15
包子《バオズ》
肉まん。自分で作る自信がつくはず。
野菜、あんまんも同様に作れます↓138頁。

16
小籠包《シャオロンバオ》
高難度の包子。上手に作る秘密は
かたからずやわらかからずの皮にあります↓142頁。

17
水煎包《スイジアンバオ》
なぜか日本未上陸。ふかふかで
ジューシーな焼きまんじゅう↓148頁。

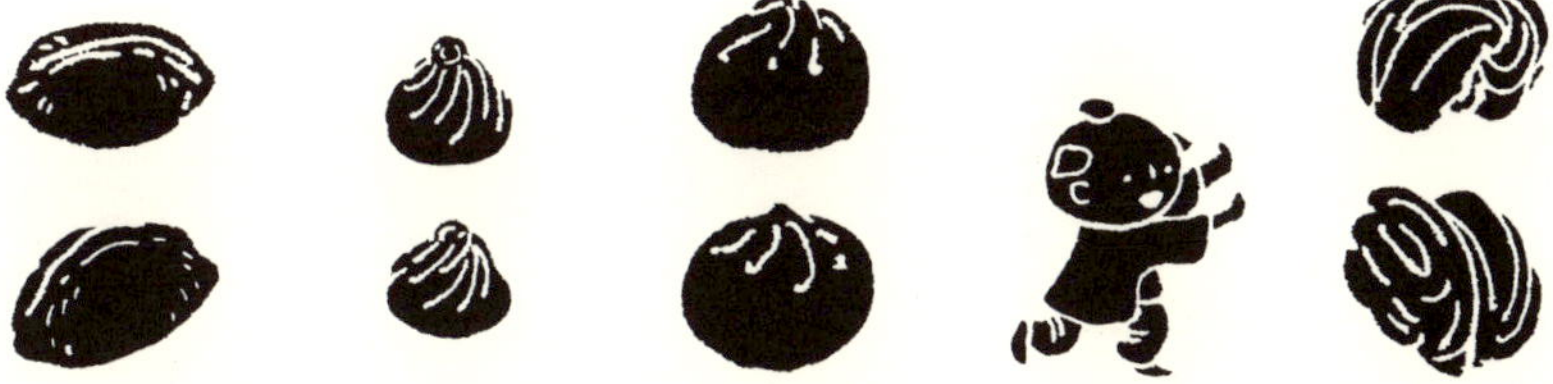

小麦粉料理を作るときの基本&心得

小麦粉料理は、粉の種類や水の量、温度、その日の気候などによって、でき上がりが微妙に違ってきます。この面白さを存分に味わっていただくために、サロンではこのようにお教えしています。

1 エプロンをする

慣れないうちはあちこちに粉が飛び散ります。でも、それが当たり前とは考えないでください。粉を上手に扱えるようになれば、自然とエプロンも汚れなくなります。

北京では小麦粉が主食で粉を水でこね、ゆでたり、焼いたり、蒸したり、揚げたり、発酵させたり、もともとは同じなのに全く違う料理を作ります。

料理の違いは生地にあります。

粉の種類や水の温度を変えたり、発酵を加減したりするだけなのですが、シンプルだからこそ奥が深い。

水
粉
麺
北京ダックの皮
焼麦
蒸餃子
肉まん
水餃子

このことをわかりやすくお伝えできないものか、と
つつつ
一から手探りで研究しました

2 準備を美しく整える

粉と水（または湯）、調味料をきちっとはかって用意しておきます。小麦粉料理は水の量や温度、加えるタイミングでさまざまに変化します。スムースに作業できるよう準備を整えることは、上達への近道です。

3 キッチンはいつもきれいに

清潔なぬれぶきんをいつもそばに置いて、粉がこぼれたらすぐにふき、水がはねたらすぐにふきます。生地を混ぜるときも、ボウルをきれいにするように混ぜていけば、後片付けも楽チンです。

餃子は、北京の家庭では皮から作ります。主夫も主婦も計量せずに作っちゃいます。

水道から小麦粉に直に水を入れる

粉はいつも200g*

いきなり手ばかりはむずかしいだけですので基本となる分量を決めました。

*ただし例外もあります

強力粉200g＋ドライイースト・ぬるま湯140ml

強力粉100g＋薄力粉100g・熱湯170ml

強力粉200g・水110ml

基本のテクニック 生地の作り方

ほとんどの小麦粉料理に共通する基本をご紹介します。
これを知っているかどうかで、でき上がりが全然違いますよ。

粉に水を入れる

粉を平らにしておく

ぬれぶきんを下に敷くとガタガタしない

水またはぬるま湯

何回かに分ける

まず1/3量を粉にまんべんなく当たるようになるべく広い範囲で入れ、軽く混ぜ、を3回くらい。

ムラになりにくい

ボウルに当てても ボウルは水を吸いませんからね〜

水が粉に吸収されやすい

熱湯

一気に入れすぐ混ぜる

生地を混ぜながらボウルをきれいにする

生地がついたままのボウルを洗うのは大変です

菜箸で

へりについた粉をこそげながら混ぜる

手で

生地をこねる

生地にストレスをかけないように、かたさに合わせて力を入れます。

かたければ力を入れて

体重をかけてこねる

やわらかければ"やさしく手のひらでこねることで生地の感触を感じられます。

生地をこねるときは、人をマッサージするようなイメージで。相手の状態に合わせて、かたいときは力を込め、やわらかいときは、やさしく。上手にこねると、自分も気持ちがいいですが、生地も気持ちよさそうです。

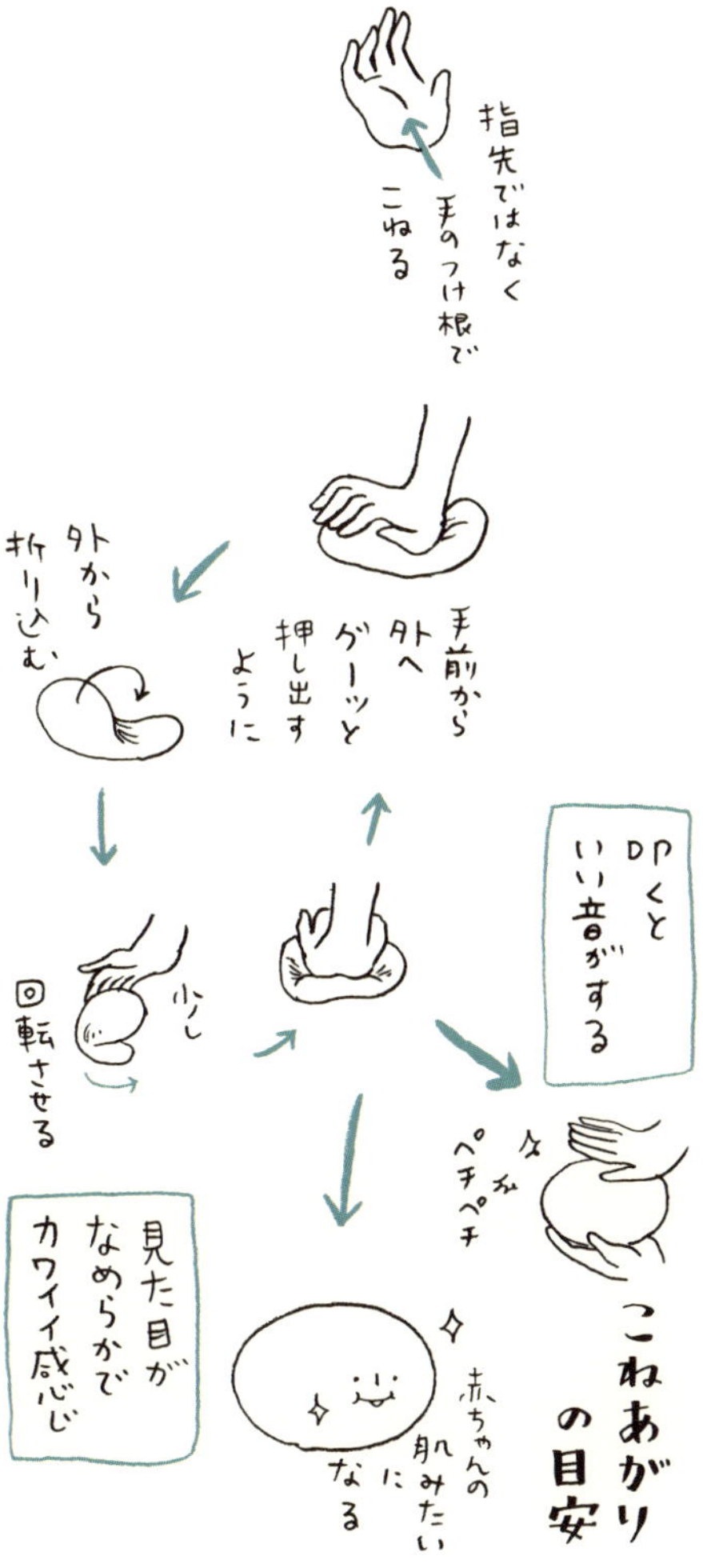
指先ではなく手のつけ根でこねる
手前から外へグーッと押し出すように
外から折り込む
少し回転させる
叩くといい音がする
ペチペチ
こねあがりの目安
見た目がなめらかでカワイイ感じ
赤ちゃんの肌みたいになる

生地の切り分け方

※餃子、鍋貼、焼麦、春餅、包子など、丸い皮にする場合

1　作る個数・大きさに合わせて、生地を棒状にのばします。

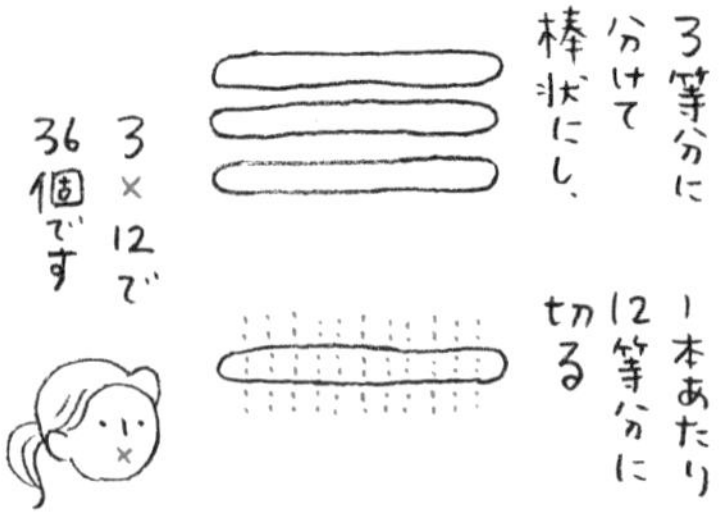

たとえば36個の場合
3等分に分けて棒状にし、
1本あたり12等分に切る
3×12で36個です

2　包丁でアタリをつけてから切ると、大きさが揃います。

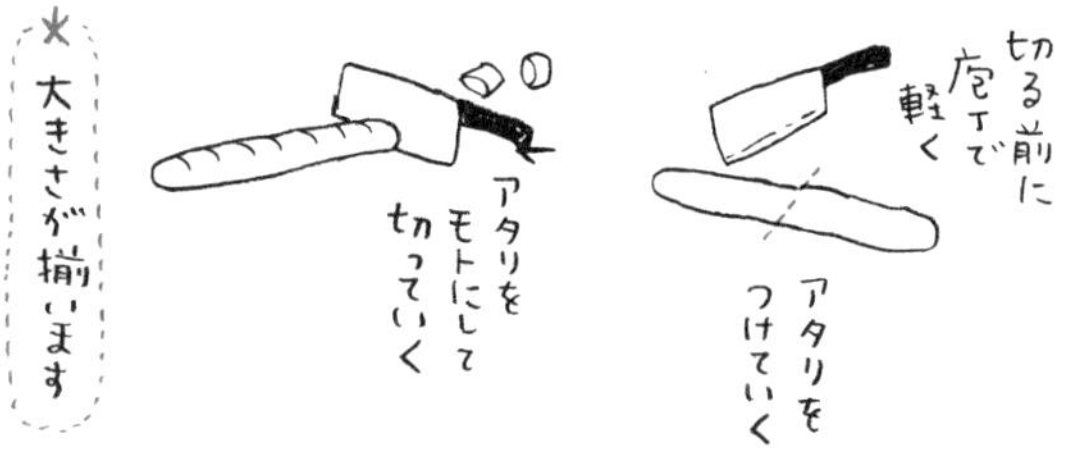

切る前に包丁で軽く
アタリをつけていく
アタリをモトにして切っていく
※大きさが揃います

3　きれいに丸くのばすために、1回ごとに90度回転させて切ります。

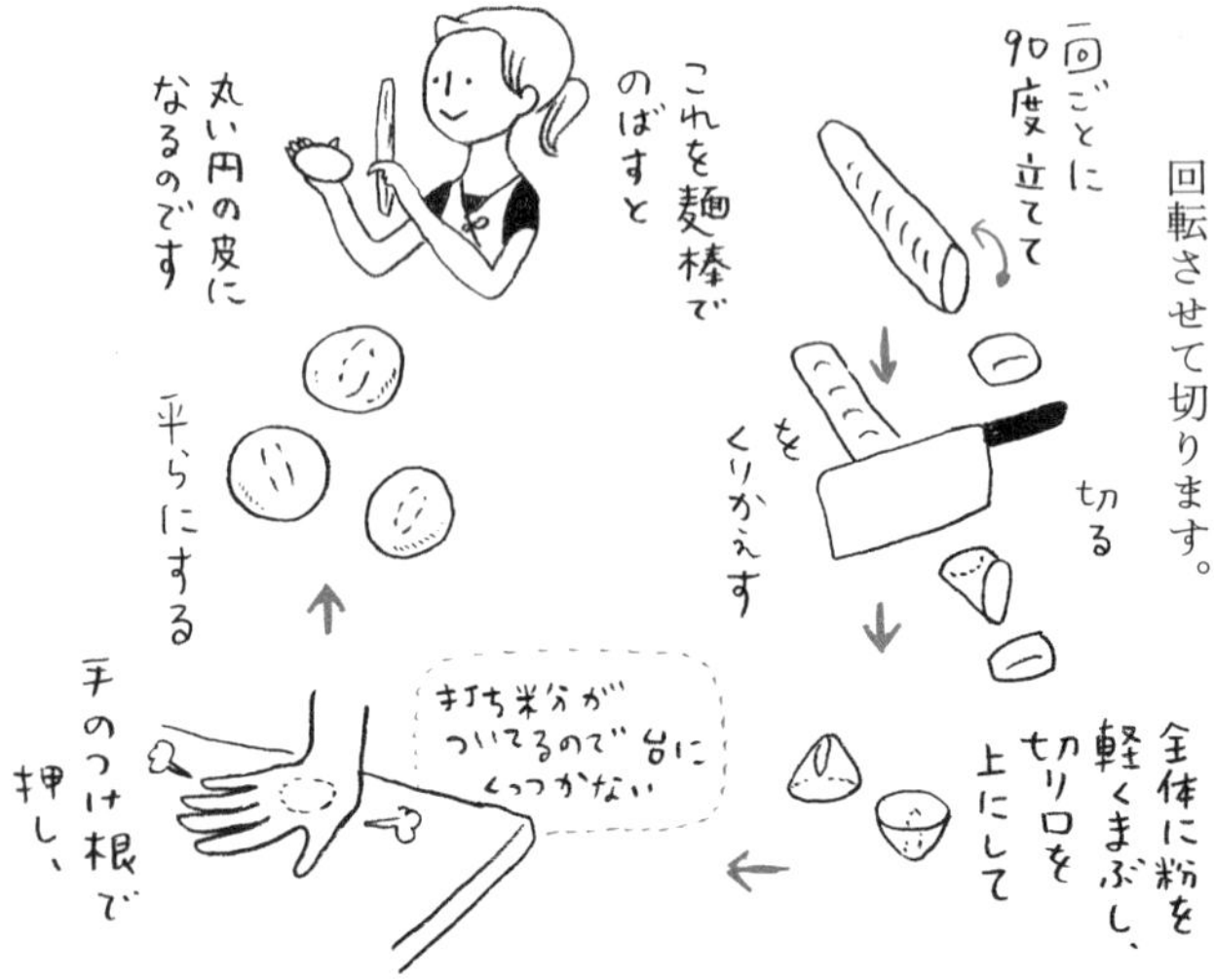

一回ごとに90度立てて
切る
をくりかえす
全体に粉を軽くまぶし、
切り口を上にして
打ち粉がついてるので台にくっつかない
手のつけ根で押し、
平らにする
これを麺棒でのばすと
丸い円の皮になるのです

餃子の章

1 水餃子

shuǐ jiǎo zi

北京の主食

私が初めて日本を訪れたのは、17年前のことです。その頃は、日本語が一切できず、働きながら日本語学校に通っていました。

午前中は学校に行き、昼食を食べてから会社に行くという毎日です。最初の2、3日目は、慣れない私を心配して、友人が何人かお店に付き添ってくれていたのですが、私だって大人なんだから自分で注文ぐらいできるわよ！と思い立って、ついに一人でお店に入ってみました。

でもこのときの私は、本当に「あいうえお」もわからない状態です。中国料理のお店でしたので、かろうじて餃子を注文しました。すると、出てきたのは焼き餃子とごはん。やっぱり言葉ができないから、間違って頼んでしまったんだと、テーブルの下に隠れたいぐらい恥ずかしくて、泣きそうになりました。でも、まわりを見てみると、他の人もみんな私と同じ、餃子とごはんを一緒に食べている！　たいへんなカルチャーショックでした。私がそれまで当たり前と思って育ってきた中国の文化が、よその

国にはまったく間違って伝わっているのだということを、初めて体験した出来事でした。

中国では餃子《ジアオズ》は主食です。とくに私が生まれ育った北京は、大陸型気候で水が少ないので、米がよく育ちません。その点、小麦は厳しい条件でも育ちやすいですから、北京では粉食が発達し、主食となりました。日本人が毎日お米をといで炊くように、北京の人びとは幼い頃から母親に教わりながら小麦粉に親しんでいるのです。

17年前のこの日は、あまりにショックで、餃子だけ食べてごはんは食べずに帰りました。日本人のみなさんにはピンとこないかもしれませんね。餃子をおかずにごはんを食べるというのは、例えて言うなら、おむすびをおかずにごはんとおみそ汁を食べるようなもの。ですから、初めて日本で餃子ライスが出てきたときは、とてもびっくりしたのです。

年越しの行事

中国の人は餃子が本当に好きですね、とよくみなさんおっしゃいます。実際、餃子は中国全土で食べられています。北京の水餃子や小餃子（スープ餃子）、南の地方の蒸し餃子と、地方によって食べ方もさまざま。餃子は中国の国民食といえます。それほど中国人が餃子好きなのには、餃子=縁起物という考え方が一つあります。

実際に私が作る餃子を見ていただくとわかりますが、日本の餃子と形が少し違います。まるくてコンパクトで、とってもかわいらしいでしょう。これは実は、中国の昔のお金の形からきています。

中国のお正月は春節といって旧暦――日本の1月下旬から2月の上旬にあたります――で祝うのですが、餃子は欠かすことができません。大晦日の夜から家族全員が集まって、数え切れないほどたくさんの餃子を作ります。お母さんだけではなく、お父さんも子どもたちも、おじいさんもおばあさんも、みんなでその年の出来事を振り返り、にぎやかに話をしながらせっせと包みます。そして来年もいい年となるように、お金がたくさん貯まるようにと願いをこめて、みんなで食べるのです。

しかし、餃子がこれほどまでに中国全土で愛されているのは、縁起がいいからだけではありません。そこはさすがに実利主義の中国人。ちゃんとそれだけの理由があるのです。

お正月には餃子以外にもごちそうがたくさんありますが、ふだんの食事のときは餃子でお腹をいっぱいにします。炭水化物、たんぱく質、野菜をいっぺんに摂ることができますので、餃子とスープと漬物といったシンプルな献立が普通です。ですから、毎日でも飽きない「おいしさ」がとても大切になってきます。

では、そのおいしさの秘密をみなさんにお教えしましょう！

一番の秘密は、「包む」という調理法にあります。皮でぴったりと密閉しますので、加熱したときに野菜のうまみやジューシーな肉の味わいを外に逃さず味わうことができます。餃子は素材のおいしさを一番引き出す、中国人の知恵がつまった料理です。

それに、手を使って一つ一つ包むというのも、愛情がこもっていてとてもやさしいと思いませんか。私はいつも、家族が「おいしい」と言ってくれる笑顔を想像しながら餃子を包みます。

旬をいただく

もう一つの秘密は、旬を味わう楽しみがあることです。日本では、豚のひき肉、キャベツか白菜、ニラ、ニンニクのあんが定番ですね。でもいつも同じだと、すぐに飽きてしまいます。中国では、その季節の一番おいしい旬の野菜を一種類だけ使って、季節の味と香りを存分に味わいます。松茸だって入れますよ。餃子は、それだけ一番おいしく食べることができる調理法だということです。

野菜に組み合わせるたんぱく質も肉だけでなく、魚介、卵、豆腐なども使いますの

で、本当にバリエーション豊かです。一年中でも飽きることなんてありません。
よく「どの具が一番おいしいですか」なんて聞かれますが、たくさんありすぎて、とてもじゃないけどウーには断言できません！
○○さんちの餃子がおいしいと言われるため、中国人はみんな、豚肉の日は皮を厚くしたり、卵の日は皮を少し薄めにしたりと、皮とあん、そして味つけのバランスをいつも工夫しています。この、ちょっとしたバランスでおいしさが全然違ってくるという奥深いところにも、中国人が餃子好きな理由があるのかもしれません。

水餃子のできるまで
生地を作る（18〜19頁）★
←あんを作る★
←成形する（20頁）★
←ゆでる★
※★は詳しく取り上げた項目。頁数は参照してほしい頁です。

美目麗しく
左右対称に

水餃子のひけつ

餃子はすべてにおいてバランスが大事です。皮とあん、あんの材料の選び方、包む形そのものも左右対称にバランスをとります。中国では、餃子をおいしく作れる女性は、バランスがとれた女性として尊敬のまなざしで見られます。

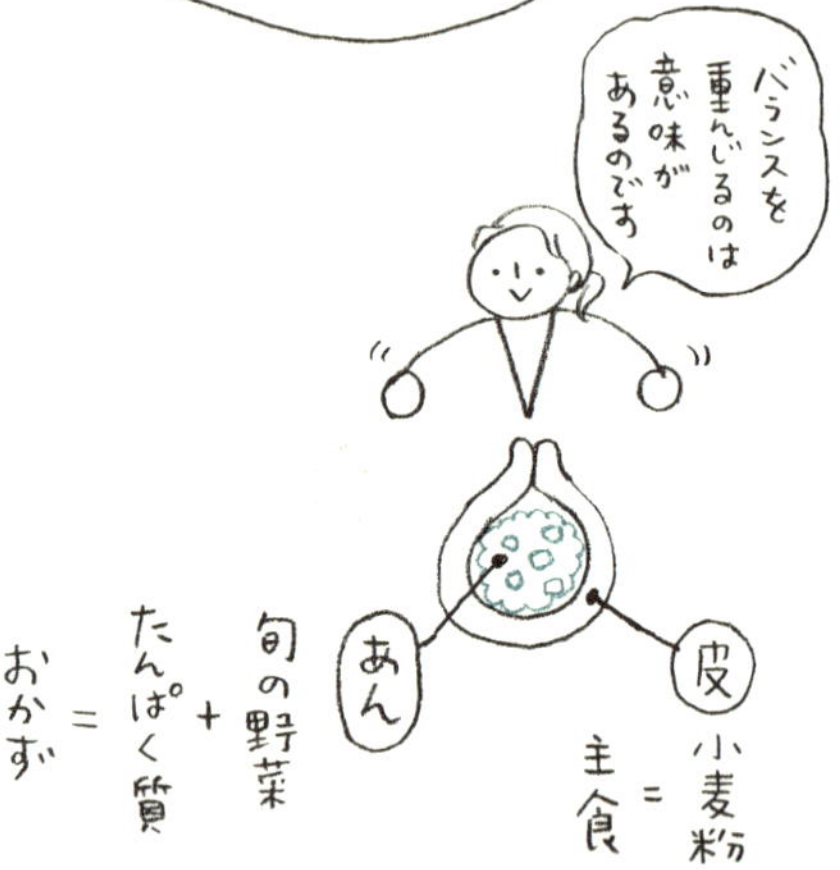
バランスを重んじるのは意味があるのです
あん
皮
小麦粉＝主食
旬の野菜＋たんぱく質＝おかず

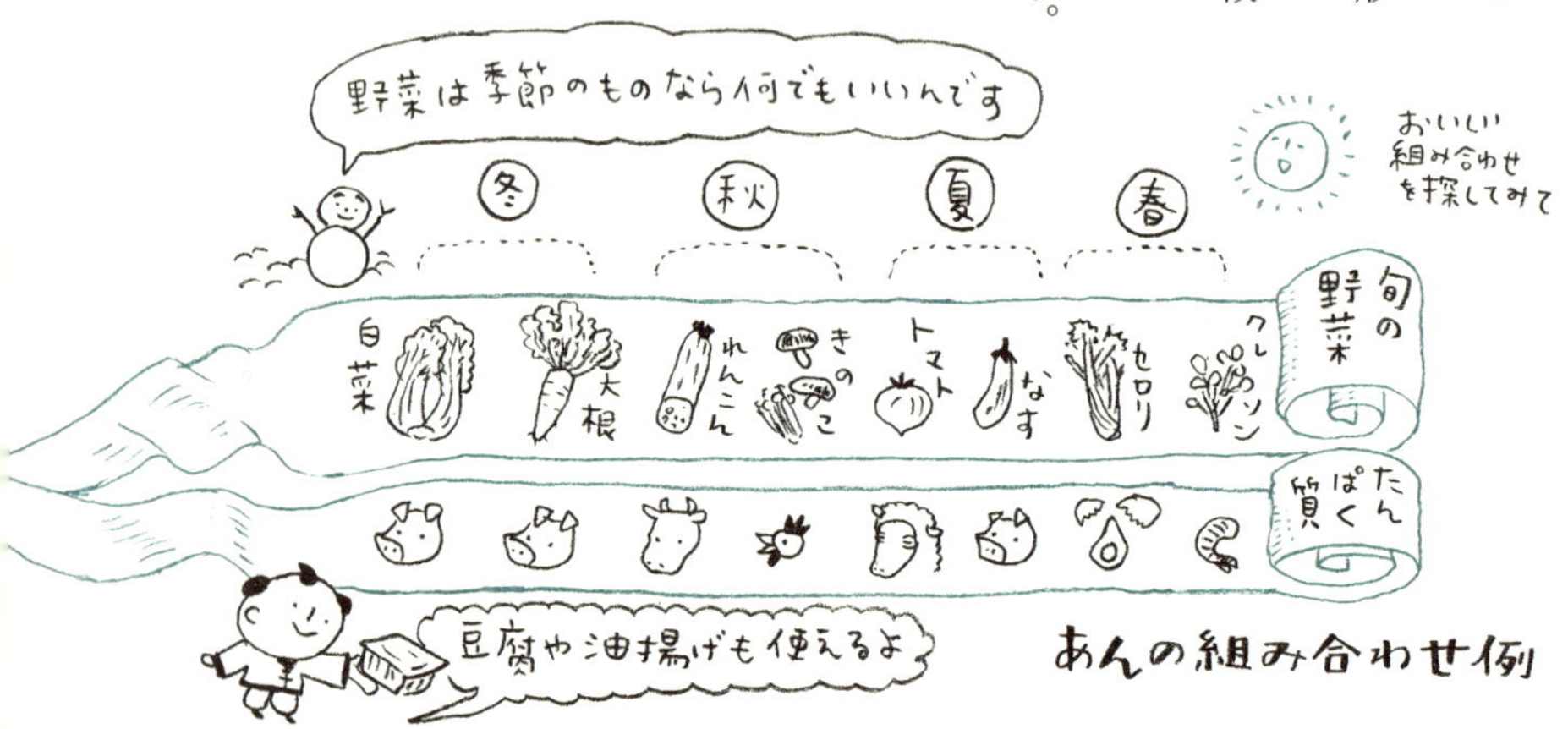
野菜は季節のものなら何でもいいんです
おいしい組み合わせを探してみて
冬
秋
夏
春
旬の野菜
白菜
大根
れんこん
きのこ
トマト
なす
セロリ
クレソン
たんぱく質
豆腐や油揚げも使えるよ

あんの組み合わせ例

1 水餃子

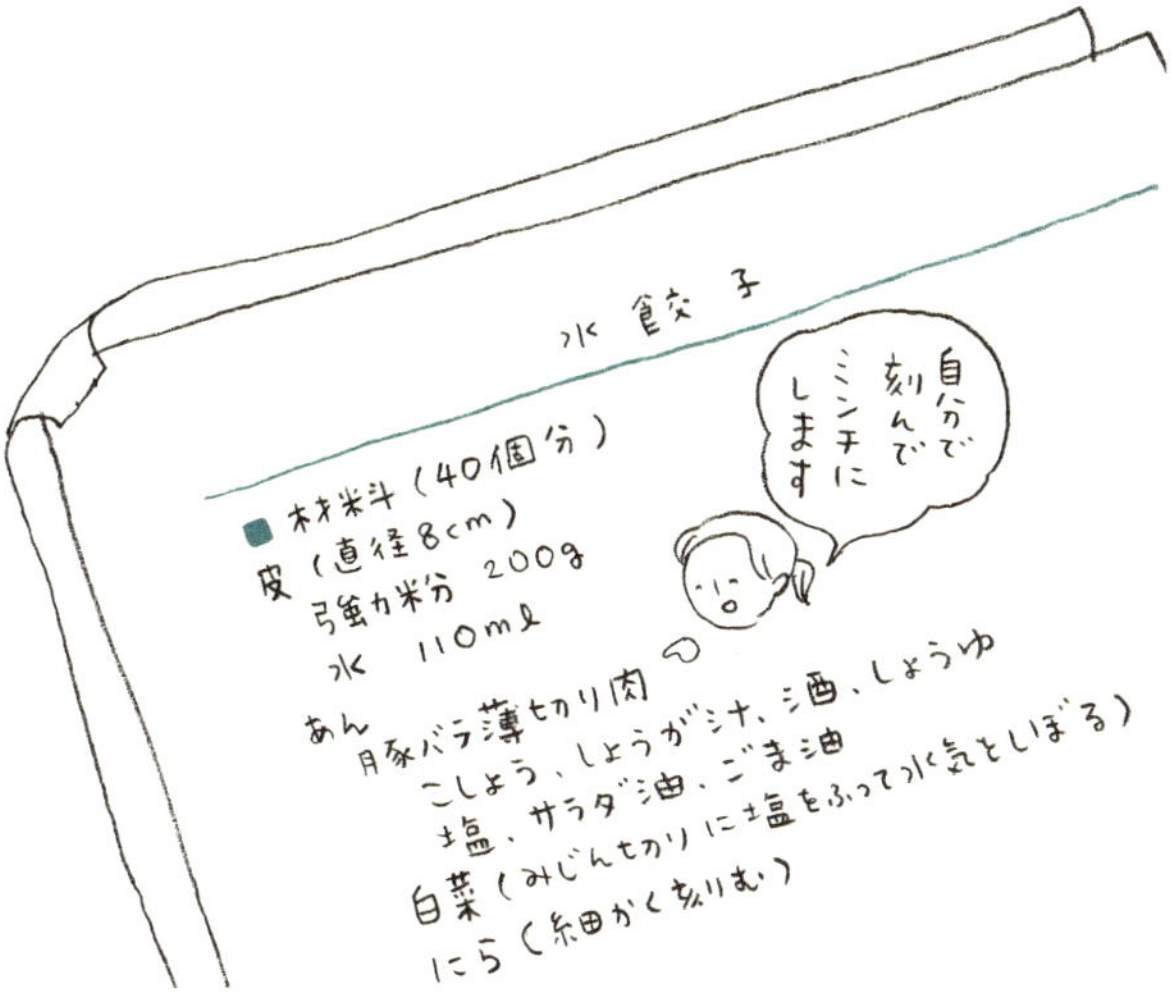
水餃子
材料（40個分）
皮（直径8cm）
強力粉 200g
水 110mℓ
あん
豚バラ薄切り肉
こしょう、しょうが汁、酒、しょうゆ
塩、サラダ油、ごま油
白菜（みじん切りに塩をふって水気をしぼる）
にら（細かく刻む）
自分で刻んでミンチにします

餃子のあんは基本的には何でもOK。旬の野菜とたんぱく質をバランスよく上手に組み合わせます。多民族国家の中国では、宗教上の理由などで肉を食べることができない人もいますから、たんぱく質もいろいろ、餃子のあんもいろいろなのです。

　豚肉は、ひき肉ではなくバラ肉を自分で刻むと、肉のおいしさが全然違います。焼麦《シャオマイ》や包子《パオズ》など、豚ひき肉の代わりにぜひ自家製ミンチを！　肉が大好きな中国人は料理に合わせて肉の種類と部位、若いか成長したものか、オスかメスかまで選ぶんですよ。

餃子は主食、野菜、おかずの三役をこなす完全食なのです

餃子がおいしく作れるということは
バランスがとれるということ

もちもちっとした皮にするために、強力粉を使います。さらに熱湯ではなく水を加えることで、コシを引き出します。大切なのは、小麦粉と水分のバランスをいかに均一にするかということ。餃子の生地は、北京の小麦粉料理の基本です。何度も作って肌で感覚を覚えてください。（生地の作り方→18〜19頁）

水
粉

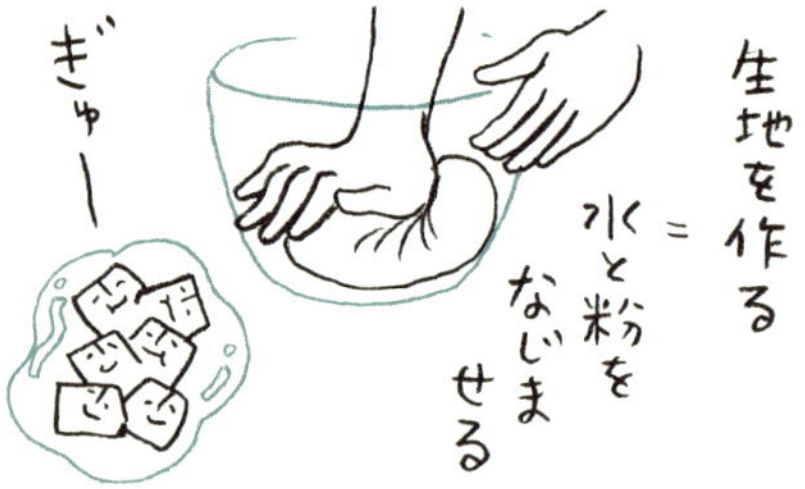
ぎゅ〜
生地を作る
＝水と粉をなじませる

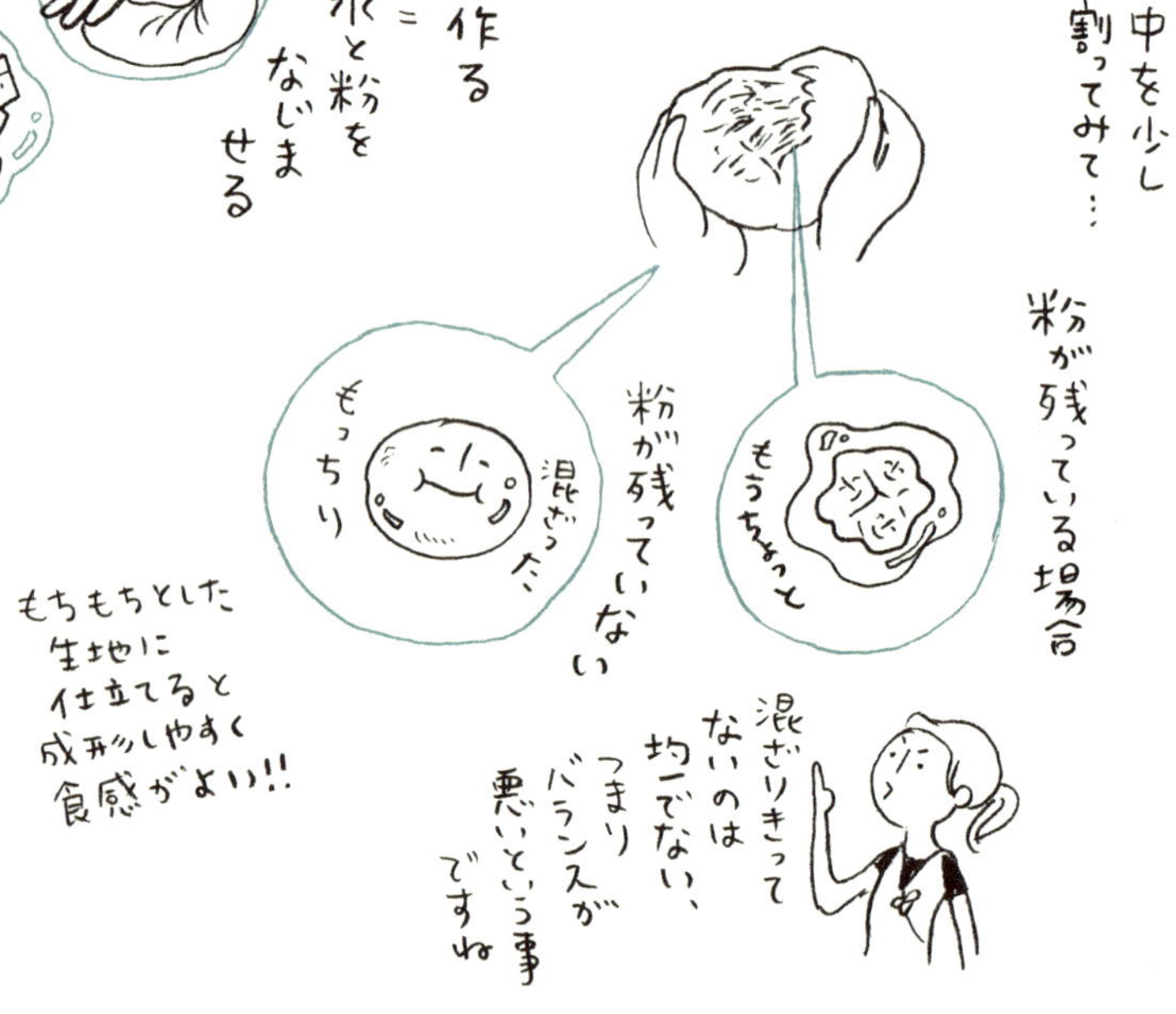
中を少し割ってみて…
粉が残っている場合
もうちょっと
粉が残っていない
混ざった
もっちり
もちもちとした生地に仕立てると成形しやすく食感がよい!!
混ざりきってないのは均一でない、つまりバランスが悪いという事ですねボウルにかたくしぼったぬれぶきんをかけ、生地を30分ほどねかせている間に、あんを作ります。料理は手順がとても大事。ちょっとしたことで味わいが変わってきます。いつもは効率を重んじる中国人も、おいしくなるための手間は惜しみません。

ZZZ

味つけしたたんぱく質に
旬の野菜を混ぜ合わせる

味つけの基本はたんぱく質に。野菜は最後に加えます。調味料はレシピにのっている順番どおりに一つずつ加えて、そのつど混ぜることで、一つ一つの力が引き出されます。

1 肉のくさみ消し
①こしょう
②しょうが汁
③酒
2 味つけ
④しょうゆ
⑤塩
⑥サラダ油
3 香りづけ
⑦ごま油
⑧白菜
⑨にら
刻んだ豚肉
入れては混ぜ、ですよ～

調味料にもそれぞれ役割がありますので、それをきちんと尊重させましょう。

本質はシンプルなことなのです

餃子のおいしさは皮にあり。皮をおいしく作るには、麺棒でのばすときの手の位置や動かし方のバランスが重要です。麺台でよくこねて切り分けた生地を一つ一つのばしていきます。急いで一気にのばそうとしないで、中心に向かって少しずつ、行く、引く、回すの繰り返し。ワルツと同じ3拍子と思えば、簡単でしょう？（生地の切り分け方↓20頁）

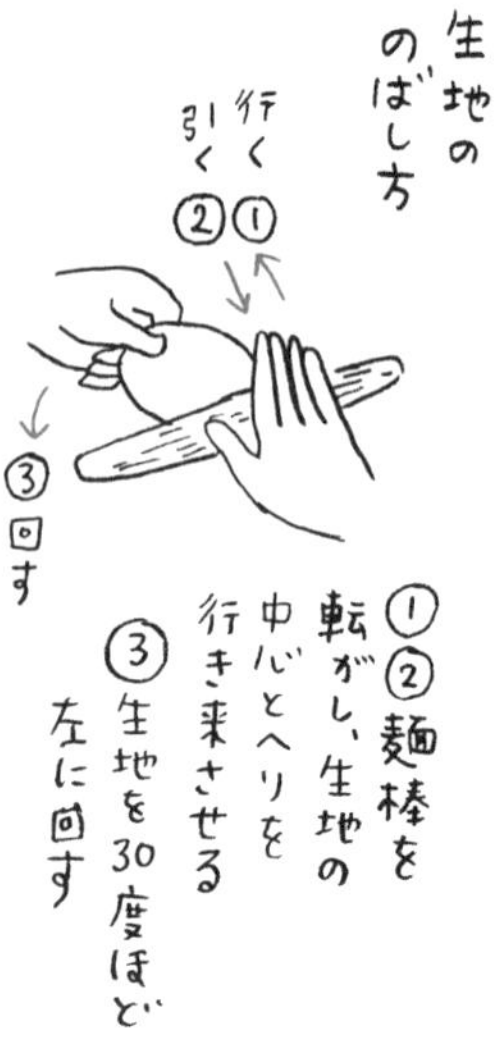
生地ののばし方
①行く
②引く
③回す
①②麺棒を転がし、生地の中心とへりを行き来させる
③生地を30度ほど左に回す

ズン♪
チャッ♪
チャッ♪

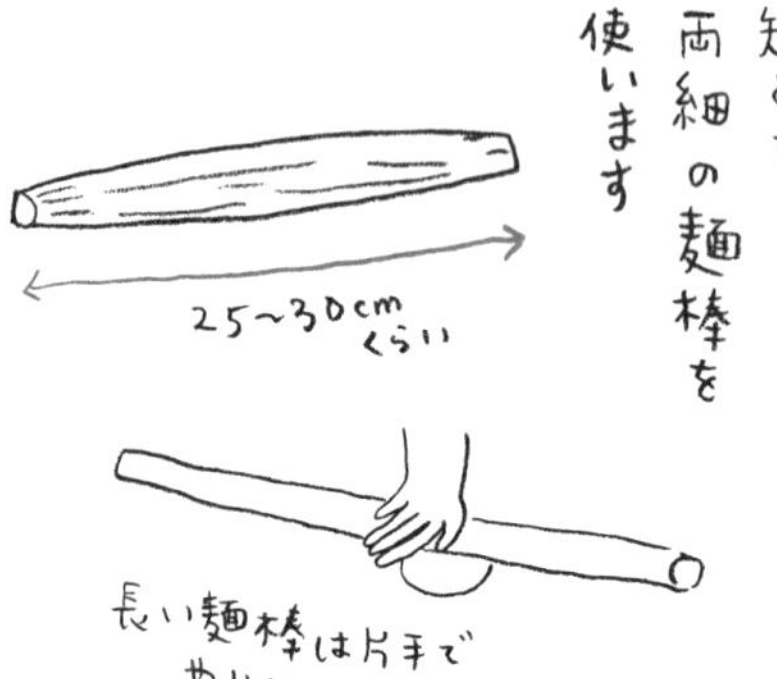
短めで両細の麺棒を使います
25〜30cmくらい
長い麺棒は片手でやりにくい

せんせ〜 丸くなりません
中国の地図ですか
ムヅカシイ

あんを包むときは、構える位置はおへそのあたり。バランスよく包むためには、指の向きにもご注意を。上からつまむようにして、形を見ながらとじていきます。最後にギュッとひだをおさえれば、かわいい半円型餃子のでき上がり。

○
×
構え
上からつまめる
横からつまむ

指先2~3本だけでとじていく
半円型にするのは昔、お金がそんな形をしていたからなのです
餃子は福を呼ぶ形にするのです

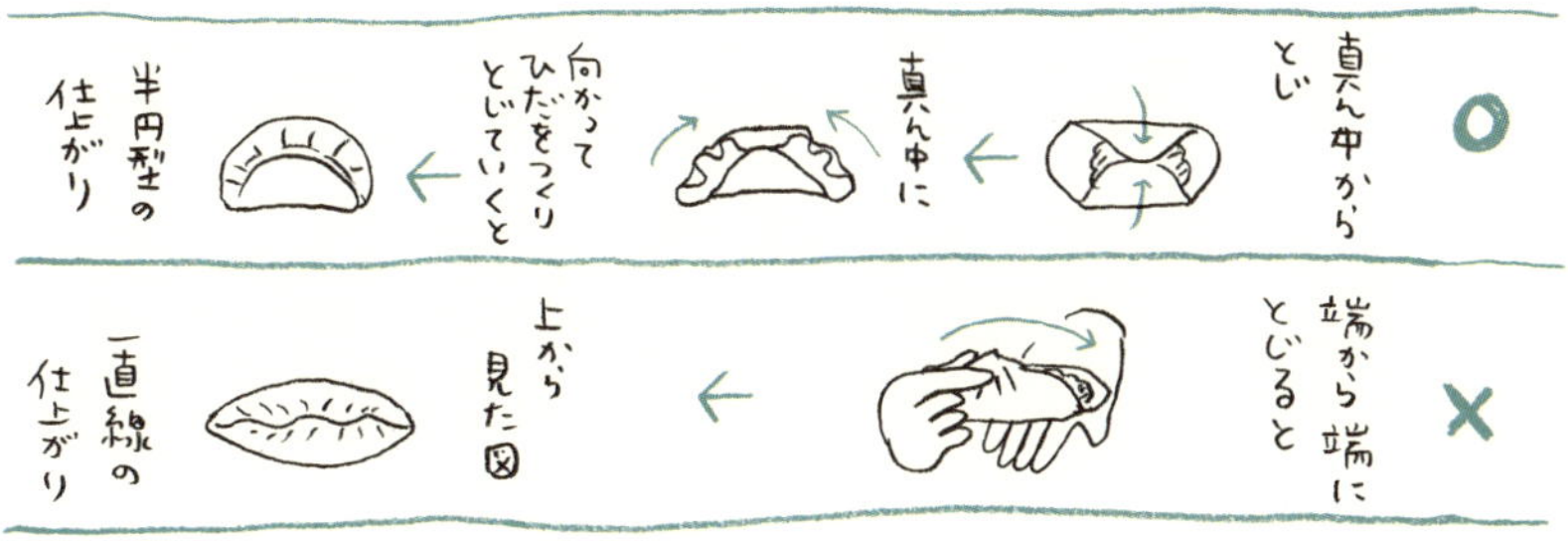
○
真ん中からとじ
真ん中に
向かってひだをつくりとじていくと
半円型の仕上がり
×
端から端にとじると
上から見た図
一直線の仕上がり

タイミングを見る「バランス」がおいしさにつながる
×生ゆで
×ゆですぎ

餃子をゆでるのは実はとても難しい。中国では、餃子は家族みんなが作りますが、ゆでるのだけはお母さんの役目。家族の健康を管理するお母さんは、このときばかりはとても真剣です。

お母さんですよ

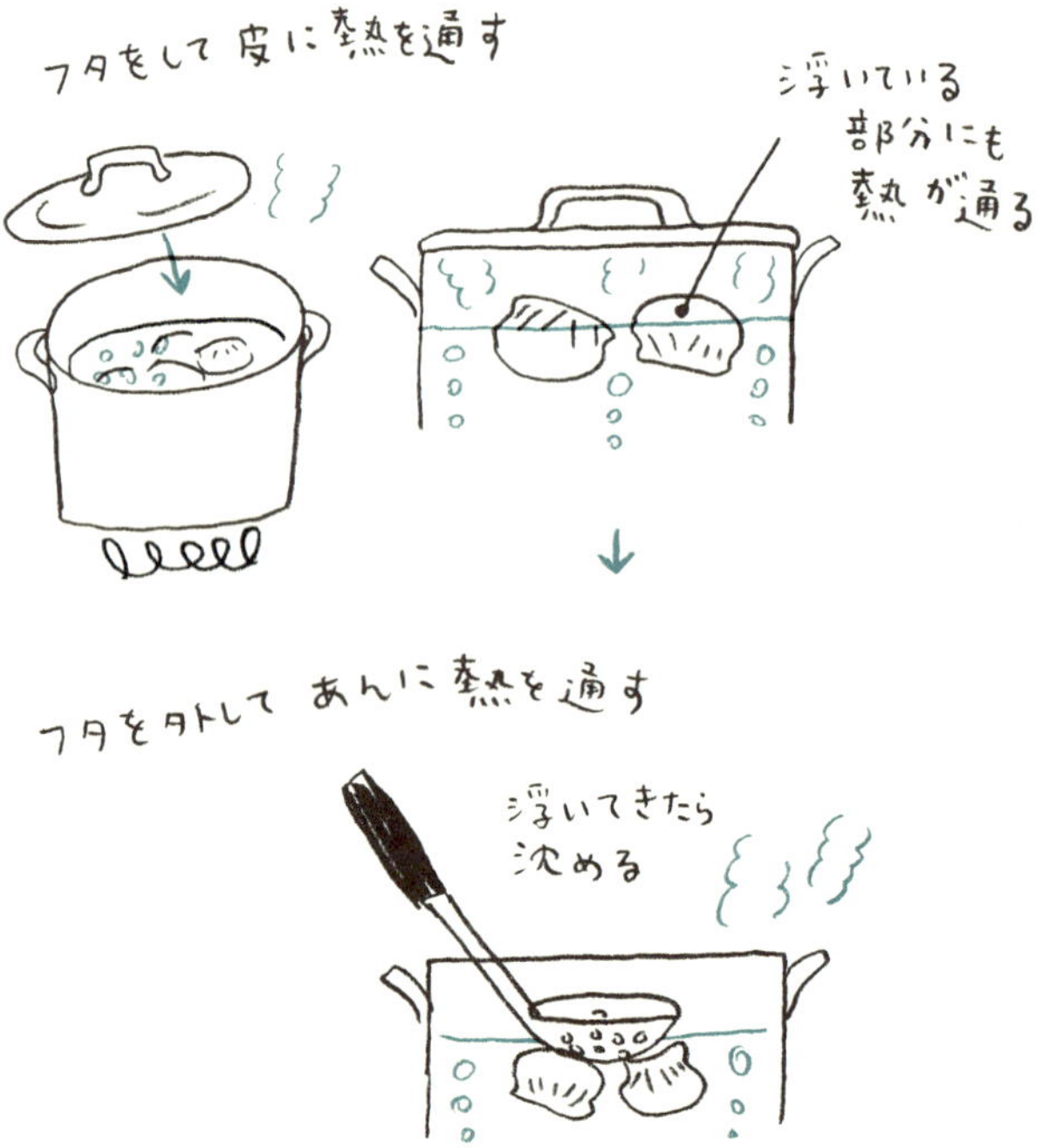
フタをして 皮に熱を通す
浮いている部分にも熱が通る
フタを外して あんに熱を通す
浮いてきたら沈める

フタが重要な役割を果たします。最初にフタをしてゆでることで熱が全体にいきわたり、皮が早くしっかりします。

あんに熱が通ってふくらんできても破れません。皮がぷっくらと、透明になったらでき上がりです。

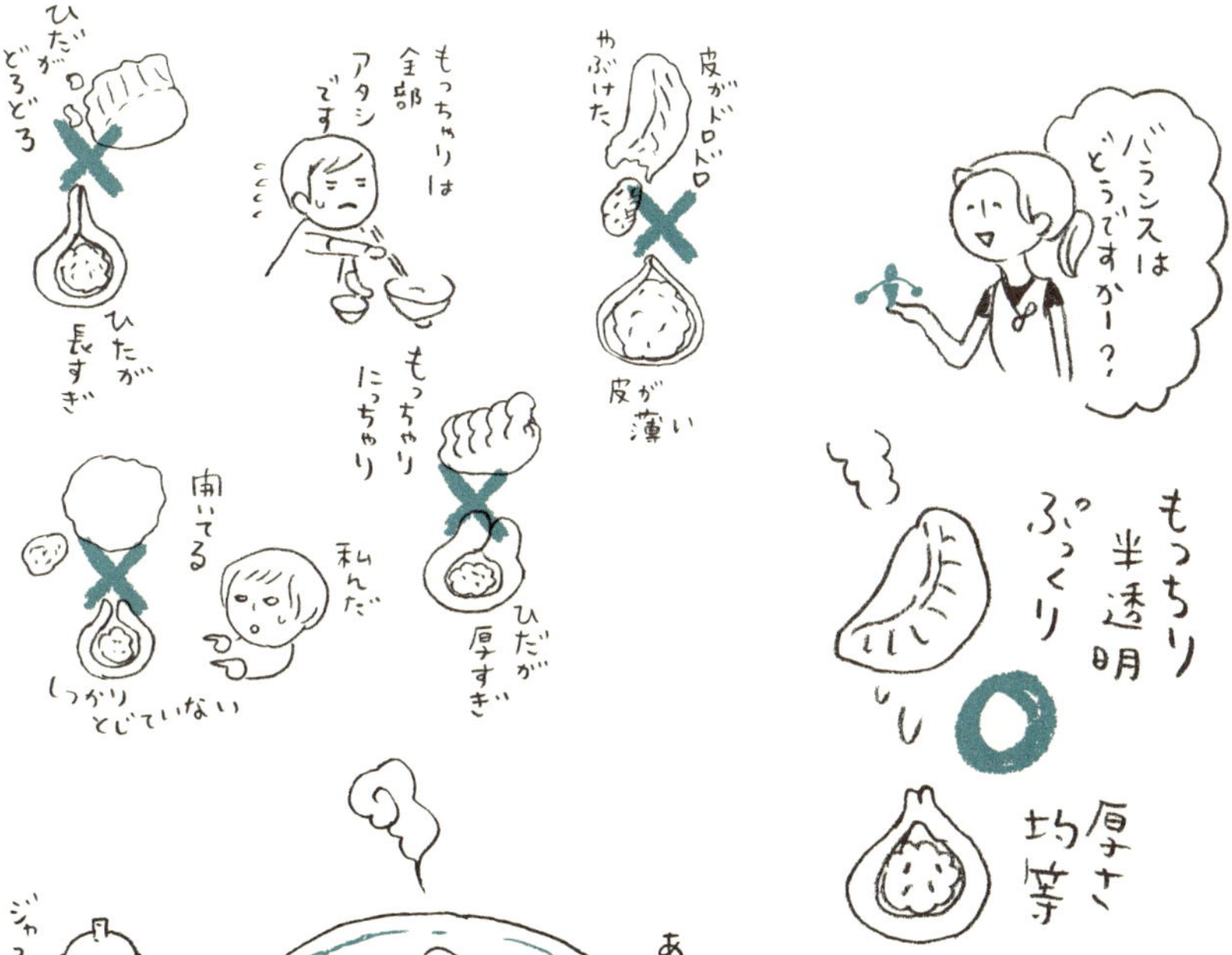
ひだがどろどろ
ひだが長すぎ
もっちゃりは全部アタシです
もっちゃりにっちゃり
皮がドロドロやぶけた
皮が薄い
バランスはどうですかー??
開いてる
私んだ
しっかりとじていない
ひだが厚すぎ
もっちり 半透明 ぷっくり
厚さ均等

ジャスミン茶
あつあつゆでたて水餃子
季節のスープ
箸
黒酢
味にアクセントをつけたいときに好みでつける
小皿
れんげ

餃子はあつあつのゆでたてが一番！　北京っ子のように、そのまま何もつけずに召し上がってください。「今日の○○餃子、おいしかった」とほめてもらうのは、北京の女性にとっては何よりうれしいほめ言葉です。

2 小餃子

xiǎo jiǎo zi

スープと一緒に

餃子とひと言でいっても種類はたくさん！　ゆで餃子も、湯でゆで上げて、そのまま食べるばかりではありません。スープと一緒につるんっといただく小餃子《シャオジァオズ》は、水餃子に比べて小さめのひとロサイズの餃子です。

小餃子の基本は、一皿である程度の栄養やお腹の足しになるワンボールディッシュ。主食というより軽食がわりです。鍋物が大好物の中国では鍋の最後に餃子を入れることも多いです。肉の鍋だったら漬け物だけの餃子であっさりとしめたり、魚の鍋だったら、肉を少し入れた餃子で味を変えたり、鍋の具によって餃子のあんも変わってきます。肉のしゃぶしゃぶのあとに、またお肉の餃子だったら、ありがたみがないですからね。

サロンでは、ほんの数種類の餃子しか教えて差し上げられませんが、みなさんには餃子の背景と深みを覚えていただくことによって、３６５日食べたとしても、同じものにならないような力をつけていただきたいです。

小餃子のできるまで
生地を作る（18〜19、30頁）
←あんを作る（31頁）
←成形する（20、32〜33頁）
←スープを作る

小餃子のひけつ

小餃子《シャオジャオズ》は、小さくなければ「小餃子」と呼べません。作り方は水餃子と同じ。ひとまわり小さく作って、スープと一緒に火を通します。

スープと一緒に煮ます

小さいと食べやすい
ひと口!!
水餃子サイズだとふた口分

熱々のスープと一緒にいただくときは、小さいほうが食べやすいですし、ひと口で食べることで風味を逃さず、味わいが凝縮されます。

小さいぶん成形は難しい。どれだけ小さくできるかは餃子作りの腕の見せどころです。日本で人気のジャンボ餃子は、北京っ子にとっては決して喜ばしいものではありません。中国人に「大きい餃子作って！」なんて言わないよう、くれぐれもご注意を。（生地を作る→18〜19、30頁／成形する→20、32〜33頁）

水餃子も小ぶりでしたが
小餃子はさらに小さい
かわいい
ちっちゃ!!

2 小餃子

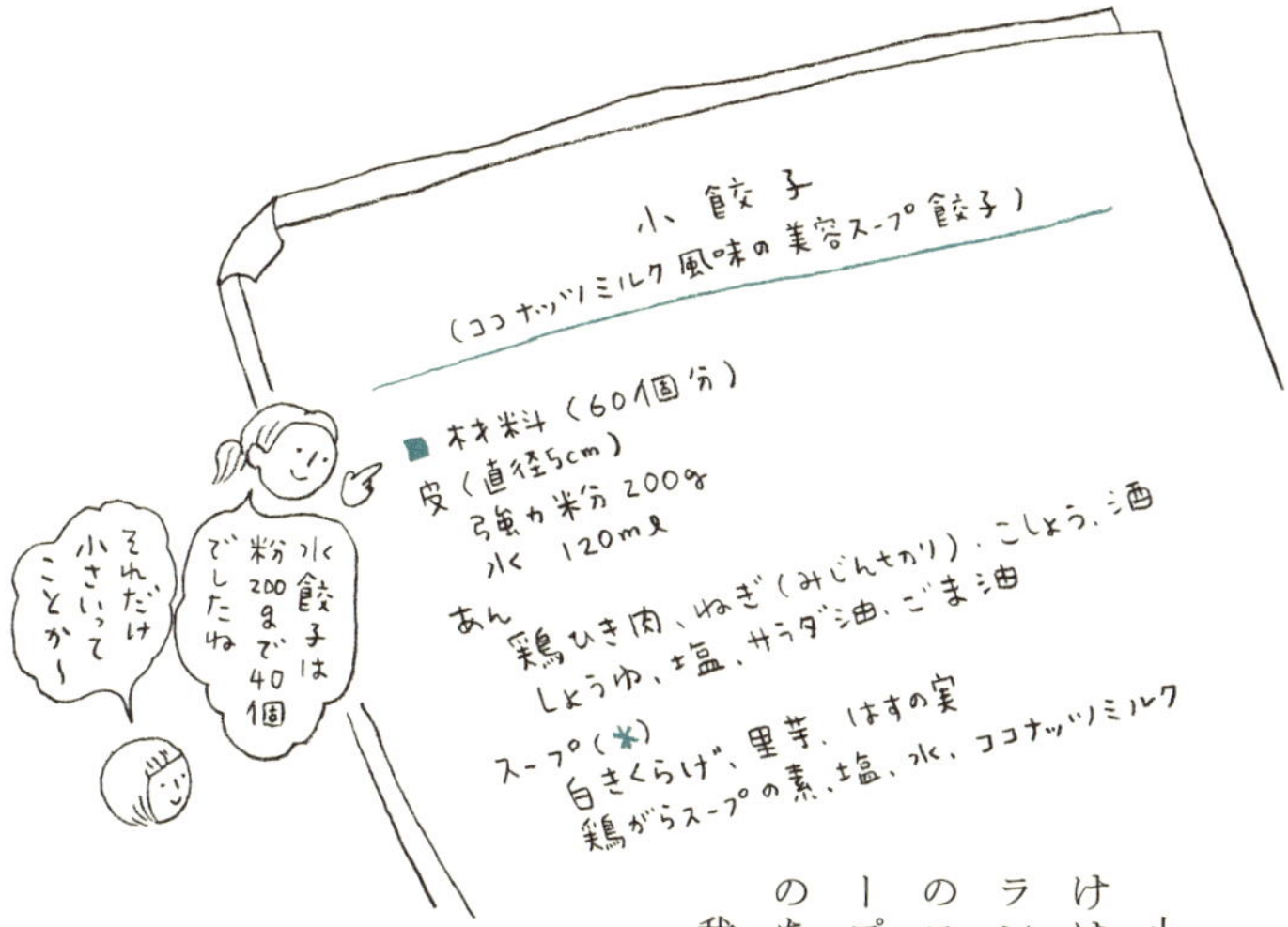
小餃子
（ココナッツミルク風味の美容スープ餃子）
■材料（60個分）
皮（直径5cm）
強力粉 200g
水 120ml
あん
鶏ひき肉、ねぎ（みじん切り）、こしょう、酒
しょうゆ、塩、サラダ油、ごま油
スープ（＊）
白きくらげ、里芋、はすの実
鶏がらスープの素、塩、水、ココナッツミルク
水餃子は粉200gで40個でしたね
それだけ小さいってことか〜

小餃子のあんの材料や味つけは、スープの具や味とのバランスで考えて。女性に人気のココナッツミルクの美容スープは、あっさりとした鶏肉のあんがおすすめ。我が家では、もち入り餃子が大人気。鍋物のしめに、うどんや雑炊がわりにもぴったりです。（あんを作る→31頁）

鶏肉には
ココナッツミルク風味のスープ
白きくらげはコラーゲンとビタミンDがたっぷり!!

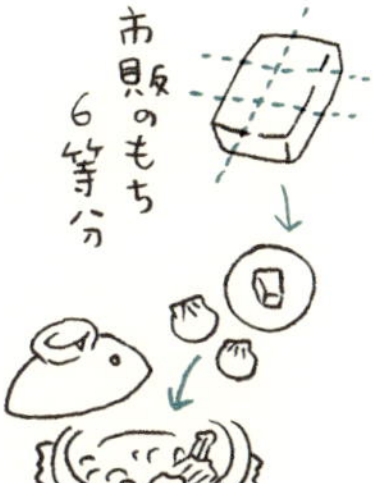
市販のもち6等分

黒酢入り野菜スープ
これには豚肉の小餃子が合います

＊はすの実は一晩水につけて戻す。白きくらげは30分水につけて戻し、ひと口大に切る。里芋は1cm角切りにする。鍋に具と水、スープの素を入れ、沸騰したら弱火で20分煮る。餃子を加え3〜4分煮、ココナッツミルクを加えて塩で味を調える。

3 蒸餃子

zhēng jiǎo zi

透き通る餃子

飲茶につきものの、透き通った皮のえび蒸し餃子といえば、みなさんおわかりでしょうか。

小さい蒸籠《せいろう》に入った蒸餃子《チュンジアオズ》は、中国の中でも、南の地方の餃子です。同じ中国でも、北の地方では餃子を主食として食べますが、南の地方では軽食として食べることが多いです。どちらも餃子に対する熱意は同じですが、広大な中国では気候も風土も土地によって違ってきますから、食文化も違ってくるのですね。

使う粉も地方によって違いがあって、南で

はどちらかというと、浮き粉を使います。浮き粉とは、小麦粉からでんぷんを抽出した粉で、小麦粉で作ったもの程たくさんは食べられません。ですからお店で注文するときも、小さい蒸籠で、だいたい3〜4個ぐらいでしょうか、少個の単位で出てきます。別にケチなわけではなく、ちゃんと理由があるのです。

粉もいろいろ

ここからは、少し難しいですが、小麦粉の種類のことをみなさんに知っていただきたいと思います。

小麦粉は主にでんぷん、つまり炭水化物ですが、穀物にはめずらしく、たんぱく質が含まれています。小麦粉の中の薄力粉や強力粉といった種類は、小麦たんぱく質の含有量による違いです。このたんぱく質は水で溶かすことでグルテンとなって、小麦粉特有の粘りを作ります。水で練った小麦粉の生地に弾力が出るのは、このグルテンの粘りの力。薄力粉よりたんぱく質が多い強力粉のほうがコシが強く、ふっくらするのも、グルテンを多く含むからです。さらに、小麦粉（たんぱく質）を水で溶かした状態で水で洗うと、でんぷんだけが洗い出され、グルテンが白いかたまりとなって残ります。このかたまりが麩《ふ》となり、でんぷんが流れ出た水を精製すると浮き粉となるのです。

さあ、あの蒸餃子の皮の食感を思い出してみてください。ねばっとしていて、やわらかいですね。でんぷんの粉はグルテンと違って水で溶かれても粘りは出ませんが、熱に合うと透き通って糊《のり》のようにとろみが出ます。料理の仕上げに、水溶き片栗粉を入れてとろみを出すことはよくあると思いますが、片栗粉も、じゃがいもからとったでんぷんです。とろみが出るのはすべてこの糊化《こか》のなせる技です。

今回ご紹介する蒸餃子には、浮き粉と片栗粉を使います。熱湯で溶いて糊化させることで粘りを出し、成形します。そして皮がやわらかいぶん、プリプリしたえびの食感を利用してあんに歯応えをつけます。浮き粉の餃子とえびのあんの組み合わせは、料理の経験と知恵が生んだ必然的な組み合わせといえましょう。これが自宅でも作れるとは、みなさん驚かれることと思いますよ。

蒸餃子のできるまで

生地を作る（18～19、30頁）★ → あんを作る（31頁） → 成形する（20、32～33頁） → 蒸す

蒸餃子はおやつなの

蒸餃子のひけつ

餃子を蒸すのは、南の地方の食べ方です。

飲茶が有名な広州（広東省）などでは、小麦粉料理は点心として軽食にいただくもの。飲茶のお店に行くと、さまざまな形や具の点心が、小さい蒸籠《せいろう》に並んでいます。中でもこのえび蒸し餃子は、見た目もとても美しく、飲茶には欠かせない一品です。

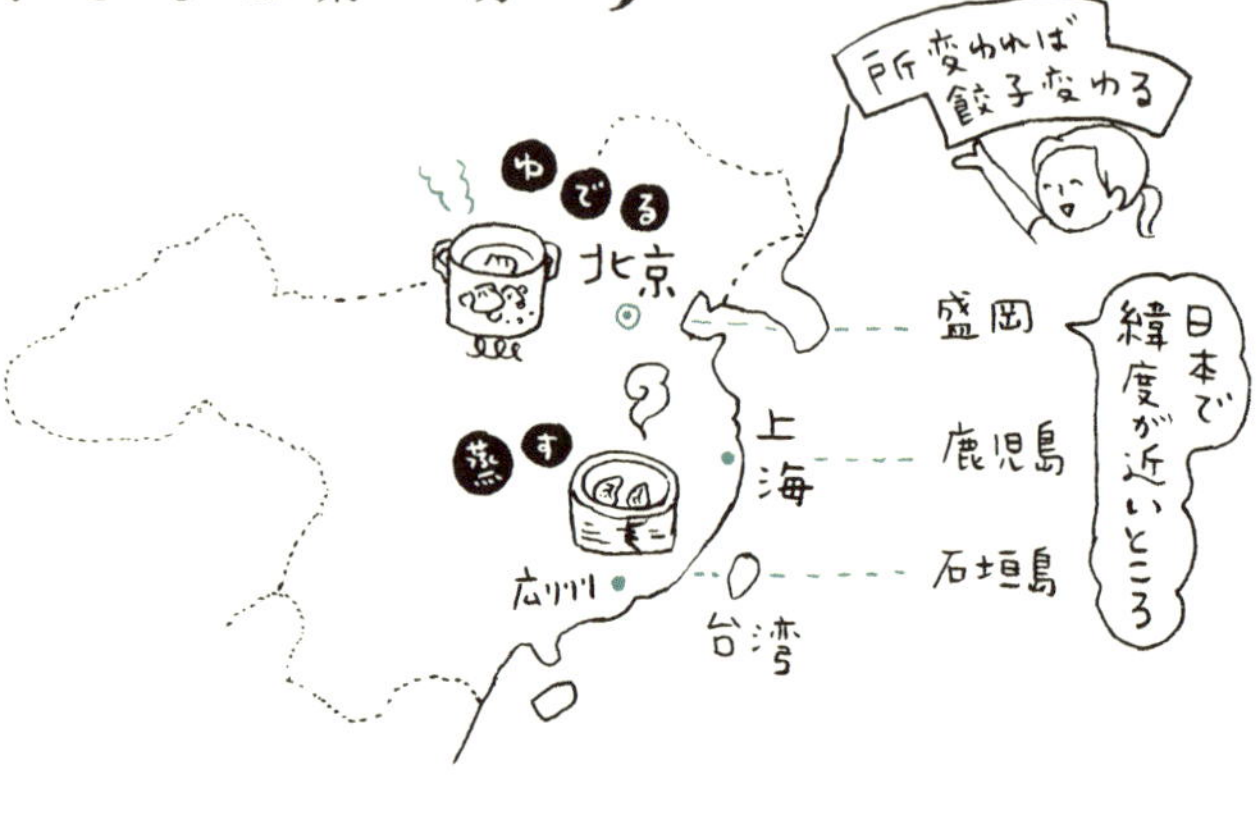
所変われば
餃子変わる
ゆでる
北京
蒸す
上海
広州
台湾
盛岡
鹿児島
石垣島
日本で緯度が近いところ

3 蒸餃子

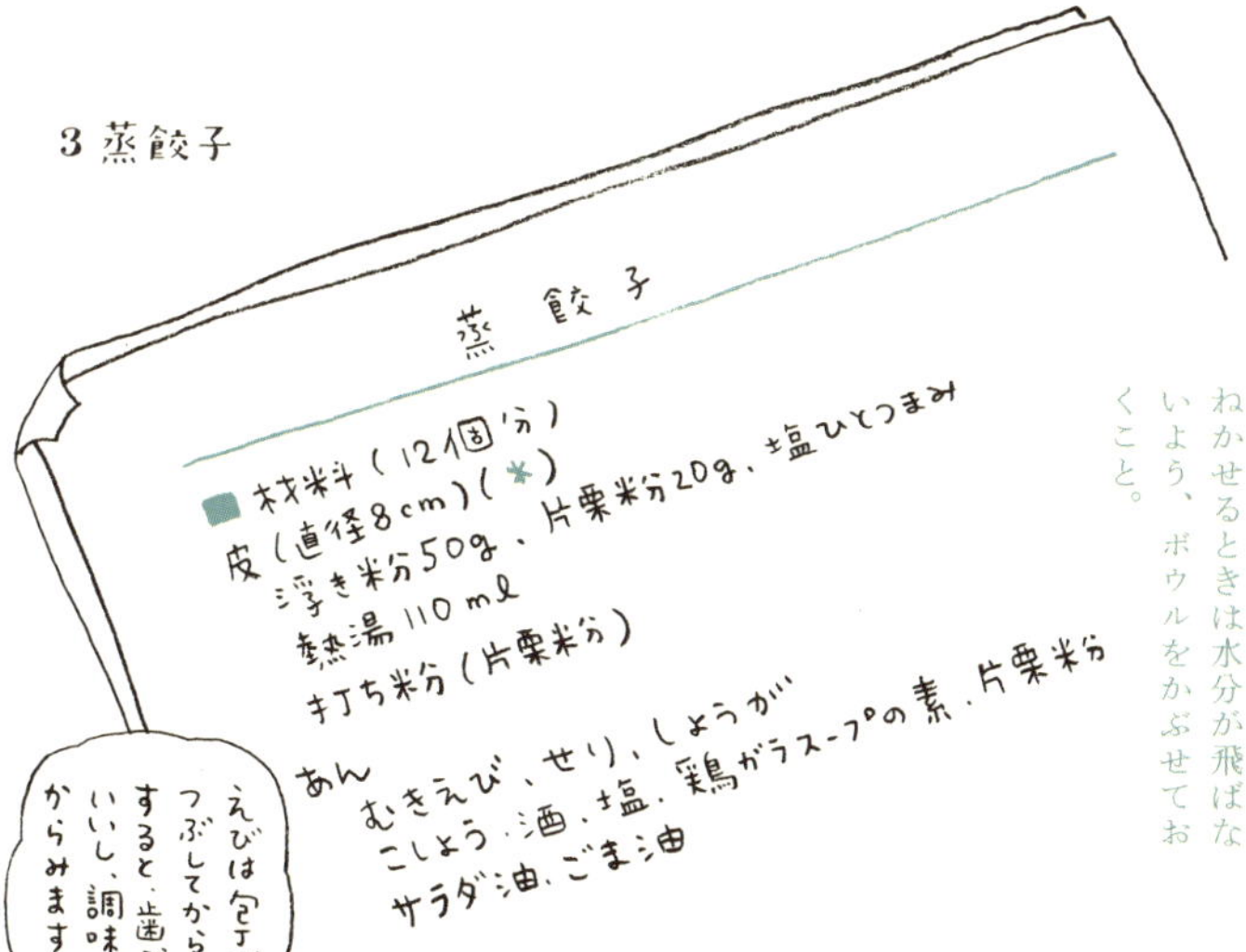
蒸 餃 子
材料（12個分）
皮（直径8cm）（＊）
浮き粉50g、片栗粉20g、塩ひとつまみ
熱湯110ml
打ち粉（片栗粉）
あん
むきえび、せり、しょうが
こしょう、酒、塩、鶏ガラスープの素、片栗粉
サラダ油、ごま油

＊浮き粉と塩を合わせて熱湯を加え、箸で混ぜる。粗熱がとれたら片栗粉を加えて手でまとめ、麺台でなめらかになるまでこねて15分ねかせる。ねかせるときは水分が飛ばないよう、ボウルをかぶせておくこと。

えびは包丁でたたきつぶしてからぶつ切りすると、歯ごたえもいいし、調味料とよくからみます

蒸餃子《チュンジアオズ》は、やわらかい皮とプリプリのえびの食感の組み合わせを楽しみます。南の地方の蒸餃子は浮き粉を使うのが基本。グルテンがない代わりにでんぷんの糊化《こか》現象を利用しますので、熱湯を加えます。湯がぬるいと粘りが出ず、水溶き片栗粉みたいになって、まとまりにくくなってしまいます。（生地を作る→18〜19、30頁）

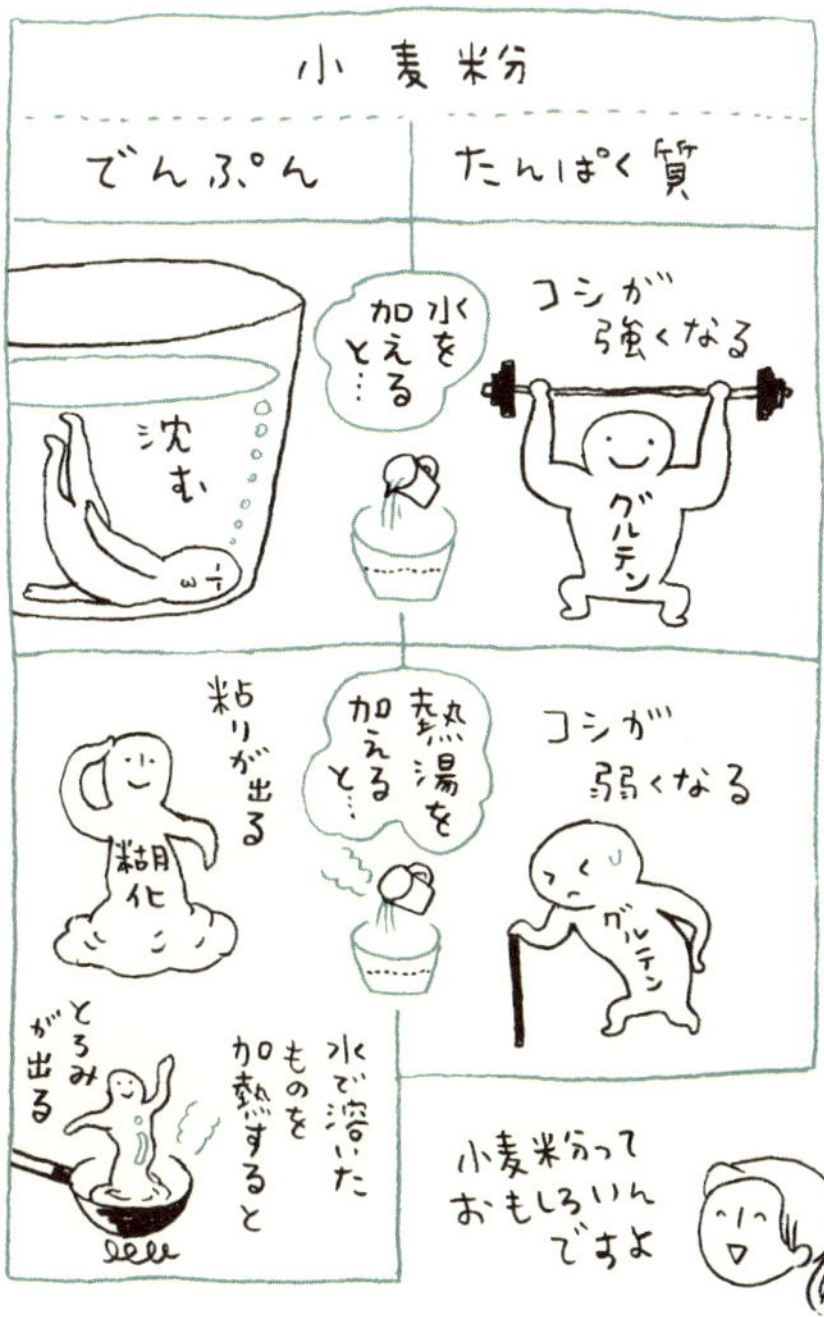
小麦粉
でんぷん
たんぱく質
水を加えると…
沈む
コシが強くなる
グルテン
熱湯を加えると…
粘りが出る
糊化
コシが弱くなる
グルテン
水で溶いたものを加熱すると
とろみが出る

小麦粉っておもしろいんですよ

でんぷんでできた
生地ですから
小麦粉のような
のびがないので
薄くしすぎると
やぶれやすいです
ほんと、やぶれた
デリケートだ

成形するときは、やさしく慎重に。粘りはあっても弾力がないから、失敗するとごまかしがききません。扱いに慣れてきたら、いろいろなあんや形に挑戦してみてください。

（成形する→20、32〜33頁）

あんと成形を
かぼちゃにしても
かぼちゃの種
スプーンで
筋を
つけます
たのしいですよ

南の地方は暑い日が多いため、蒸すことでしっかり火を通します。とはいえデリケートな皮ですから、蒸しすぎると割れるのでご注意を。

えびと野菜が透き通って、とても美しい蒸餃子。蒸籠をお皿がわりにそのまま並べると、いっそう食卓が華やぎます。ちょっとしたお客様のおもてなしに、いかがでしょう。

単品野菜の
ごまあえ
（ほうれん草や
スナップ
えんどうなど）

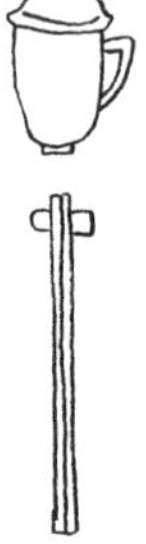

酒粕根菜鶏スープ

せんせー
蒸すのは蒸籠じゃなきゃダメですか?
蒸せれば何でもいいですよ
いろいろありますからね
蒸し器
蒸籠の大きさは直径27cmがオススメです
蒸籠と中華鍋
ウ！ウェンパン

蒸す

「蒸す」とは、蒸気によって加熱するという技法です。道具は蒸せれば何でもいいですが、蒸気をたくさん保てることが重要。上段に水分量を保つための空間があって、下段にお湯がいっぱい張れるようなものがおすすめです。

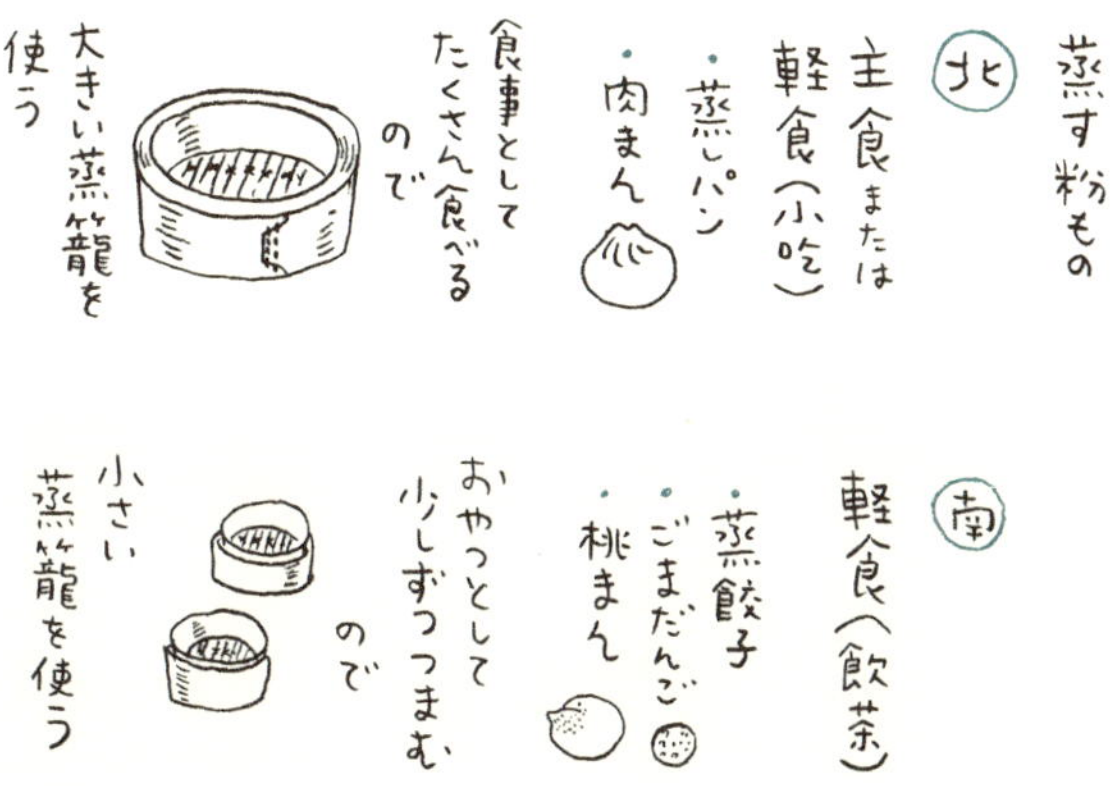
蒸す粉もの
北
主食または軽食(小吃)
・蒸しパン
・肉まん
食事としてたくさん食べるので
大きい蒸籠を使う
南
軽食(飲茶)
・蒸餃子
・ごまだんご
・桃まん
おやつとして少しずつつまむので
小さい蒸籠を使う

4 鍋貼

guō tiē

北京屋台の定番

鍋貼《ゴーティエ》は、文字通り「鍋に貼《は》る」ようにして焼いた餃子風のもの。しかし、餃子とまったく違うものと考えてください。中国に焼き餃子はありません。これだけ情報化社会と言われているのに、こんなに日常的なことが伝わっていないのは不思議ですよね。餃子はあくまでも皮であんをすっぽり包んだ状態のものを言いますが、鍋貼は皮を全部とじずに両端が開いています。煎餃《ジァンジァオ》と言って、余った水餃子を翌日焼いて食べることはたまにありますが、要は残りものですから、わざわざ作るようなものではありません。

この鍋貼も実は家庭料理ではなくて、屋台の食べ物です。客をにおいでひきつけるため、わざと皮をとじずに肉汁を外に流します。あんには肉とねぎなど、焼いたときに香りがたくさん出るものを用います。皮は、水餃子のモチモチする食感とは対照的に、パリっとさせて、香ばしい香りを楽しみます。ビールと一緒につまむ鍋貼は絶品ですが、お客様のおもてなしに出すようなものではありませんので、あしからず。

鍋貼のできるまで

生地を作る（18〜19、30頁）
←あんを作る（31頁）
←成形する（20、32頁）★
←焼く★

おいでー
いい香り〜
思わず呼び寄せられるおいしい香り

鍋貼のひけつ

北京では街角の屋台で鍋貼《ゴーティエ》が売られています。ものすごく大きな鍋にぎっしりと並べて、香ばしい香りが食欲をそそります。でもこれは餃子ではありませんから、お間違いなく。中国で「焼き餃子ください」と言っても通じません。

中国で焼き餃子と言うと余りものの水餃子を翌朝に油で焼いたもののこと。
中国に行ったら焼き餃子食べに行きたい〜
余りものが好きかと思われますよ

4 鍋貼

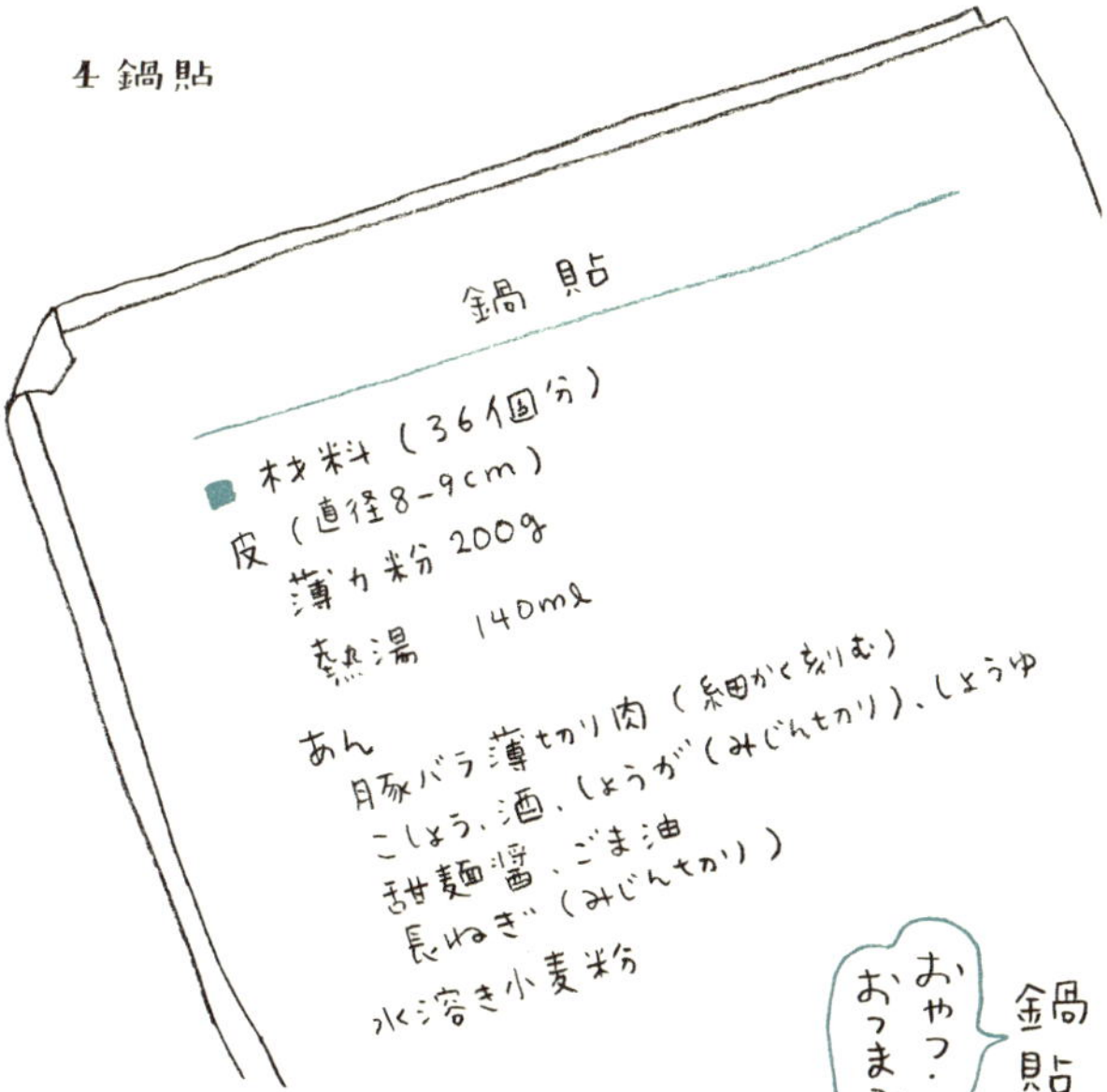
鍋貼
材料（36個分）
皮（直径8-9cm）
薄力粉 200g
熱湯 140ml
あん
豚バラ薄切り肉（細かく刻む）
こしょう、酒、しょうが（みじん切り）、しょうゆ
甜麺醤、ごま油
長ねぎ（みじん切り）
水溶き小麦粉

水餃子との大きな違いはあんを包む形と、皮の生地。おやつやおつまみとして食べる鍋貼は、皮が薄くパリッとしているのがとってもおいしい。

	水餃子（主食）	鍋貼（おやつ・おつまみ）
形	 あんが見えない	 あんが見える
皮	厚め もちもち	薄い パリパリ
あん	季節の野菜とたんぱく質	長ねぎ・しょうが 豚肉（香ばしい）

そのためには薄力粉を使って、やわらかい生地を作り、15分ねかせます。（生地の作り方↓18〜19、30頁／あんの作り方↓31頁）

◎もちもち皮（水餃子）← 強力粉
◎パリパリ皮（鍋貼）← 薄力粉

包み方は、屋台のものだけあってとても簡単。あんをのせたら、真ん中をつまんでとじるだけ。そのまま油をひいたフライパンに並べていきます。（皮の作り方→20、32頁）

底がこんがりきつね色になったら、水を入れて蒸し焼きに。肉からうまみたっぷりの肉汁がジューッと出てきます。そこに水溶き小麦粉をまわし入れることで、うまみを羽根にとじ込めます。焼きたての

鍋貼はやみつきになること必死。人にごちそうするようなものではないからといって、ひとり占めはダメですよ！

北京の餃子と小麦粉

二刀流

最近では、皮はスーパーでも売っています。その場でのばして売る手作りの皮で、機械なんか使わなくても両手で2枚いっぺんにのばせば、あっという間です（ちなみに私もできます）。あんも同じところで売っていますので、その場で包んでもらったり、皮とあんを両方買って家で自分で包んだり、皮だけ買ってあんは自分で作ったり、好みや生活スタイルによって利用の仕方も人それぞれです。

今では日本からお米を作る技術が伝わって、北京でも普通に米が食べられるようになりました。それでもやっぱり小麦粉が主流なのは、気候風土にあった食べ物を体が自然と欲求しているからのような気がします。

小麦粉が主食なので
スーパーの売り場では
よいしょ
大きな袋で売られているのは米ではなく
小麦粉!!
もちろんメーカーもいろいろあります。

サロンの流れ

授業は食文化講義から始めて、デモンストレーション、実習、試食、片付けまでほぼ3時間。その間に料理や中国の話はもちろん、育児や日々の暮らしのことなど、自由に情報交換をしています。

毎回お配りするレシピは、ワープロで作ったシンプルなもの。凝ろうと思えばいくらでも華やかにできますが、それで本当に伝えたいことが伝わるわけではありません。サロンに来ることで、もっと知りたいという探究心を高めていただきたいという願いをここに込めているのです。

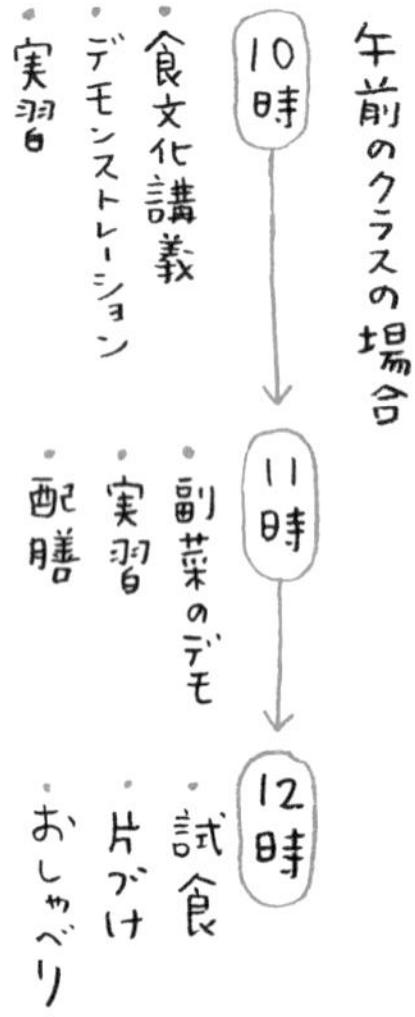
午前のクラスの場合
10時
・食文化講義
・デモンストレーション
・実習
11時
・副菜のデモ
・実習
・配膳
12時
・試食
・片づけ
・おしゃべり

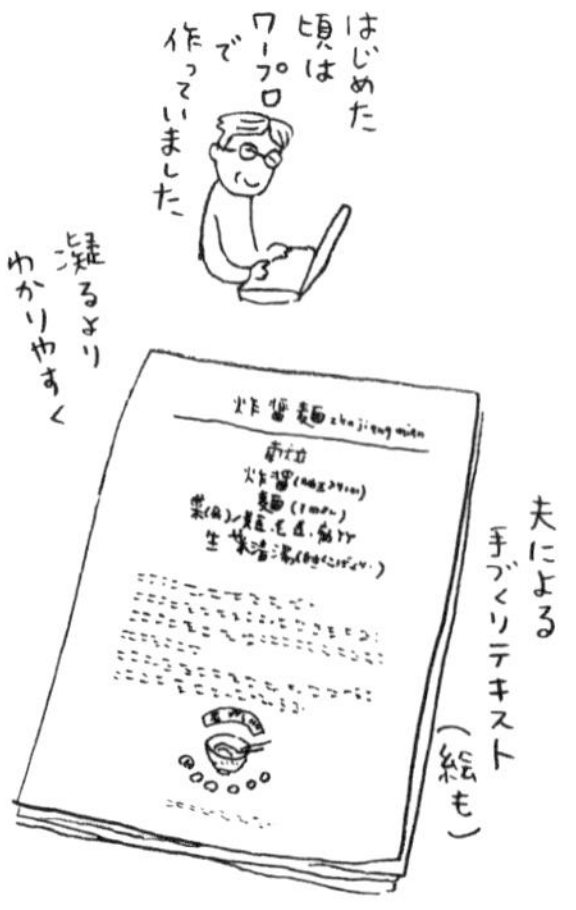
はじめた頃はワープロで作っていました
凝るよりわかりやすく
炸醤麺
夫による手づくりテキスト（絵も）

餅の章

5 春餅

chūn bǐng

長い冬のあとに

北京の名物料理、北京ダックはご存じの方も多いことと思います。よく肥《ふと》らせたアヒル（北京鴨）に水あめをぬって風干しにし、強火の遠火でこんがりと焼き上げて、パリパリの皮とジューシーな身を削ぎ切りにします。それにねぎと甜麺醤《テンメンジャン》という独特の甘いみそを添え、薄く焼いた小麦粉の皮（餅《ビン》といいます）で包んで食べる料理です。その香ばしい小麦粉の香りとダックの皮と肉の組み合わせには、北京っ子ならずとも、とてもファンが多いです。

この小麦粉を薄くのばして焼いた皮のことを、北京っ子は薄餅《バオビン》あるいは荷葉餅《ホーイエビン》と呼びます。荷葉は蓮《はす》の葉のことで、薄くて大きいところからそう呼んだのでしょう。この荷葉餅は北京ダック以外にも、中国の家庭でよく食べられます。ありあわせのおかずを包んで食べれば、簡単な食事になるからです。この荷葉餅におかずを包んだものを立春のときにいただく料理を「春餅《チュンビン》」と呼びます。

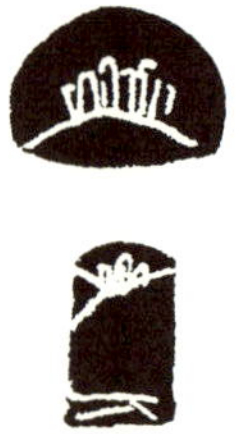

なぜ「春」という字がついたのでしょう。

何度もお話ししましたように、北京は北の都、とても冬が厳しいところです。緯度でいえば日本の盛岡と同じですが、大陸ですので風も強く、空気も乾燥しておまけに冬が長いです。もともとは砂漠だったところに都市ができたといえば、その厳しさが想像できるでしょうか。今は流通が発達して、真冬でも新鮮な野菜は売られていますが、昔は、冬の間は秋にとれた白菜や大根、ねぎしかない時代もありました。

春と冬の境目である立春は、陽暦でいえば毎年2月4日か5日にあたります。太陽の動きをもとに一年の季節を24の節目に分けたものを二十四節気といいますが、立春はその一つで、辛い冬を過ごす北京の人びとは、特別な思いでその日を迎えます。

やっと冬も終わりに近づき、そろそろ春というころではありますが、それでも新鮮な野菜ができるまでは間があります。そんなころ、春の最初に収穫できる野菜は何だと思いますか。日本なら山菜の新芽といったところでしょうが、あいにく北京には山菜がありません。一年で最初に収穫できる野菜、それは豆の発芽状態であるもやしです。とれたてのもやしをさっと炒めて先ほどの荷葉餅に包んで食べる、北京っ子にとっては春の象徴のような食べ物を、春餅と呼んだのです。

立春にみんなでテーブルを囲んで春餅をいただくのは、北京っ子にとっては、待ち望んだ春を祝う大切な行事です。もやし以外にも、蒸した鶏肉やねぎ、野菜のあえ物など、どんなおかずにも合いますし、色とりどりのおかずをいくつか用意すれば、見た目も華やかで、ちょっとしたパーティーのようです。

さて面白いのは、餅の焼く方法。

これは2枚重ねて焼きます。1枚ずつ薄く焼くと、バリッとかたくなってうまくおかずが巻けません。2枚重ねることで、合わさった面に蒸気がこもります。水分が保たれるわけですから、やわらかくなって巻きやすくするのです。誰が考えたのかはわかりませんが、ちょっとしたマジックですね。

春餅のできるまで
生地を作る（18〜19、30頁）←おかずを作る←成形する（20頁）★←焼く★

春餅のひけつ

餅
もち米
小麦粉

「餅」といえば、日本でいえばもち米をついたものをいいますが、中国では小麦粉を練って丸くして焼いたり蒸したりしたものをいいます。

おそらくその昔、中国から「餅《ピン》」が日本に伝わったときに、かわりに米をついて丸くした「もち」をあてたのがそのまま残っているのでしょう。

「餅」にもいろいろ種類がありますが、共通する特徴は、「層」があるということ。油を上手に使って層を作る数々の技に、小麦粉料理の長い歴史を感じてください。

ここでご紹介する春餅《チュンビン》は、おかずをきれいに巻くために、皮を2枚重ねて層にして焼くのが特徴です。

空心餅
春餅
家常餅
葱花餅
麻醤焼餅
焼餅
椒塩焼餅

なんで油で層ができるの？
？
水と油の性質を考えてみて
層とは
生地がくっつかずにいる状態のこと
油
生地（小麦粉＋水）
油
生地
油
生地

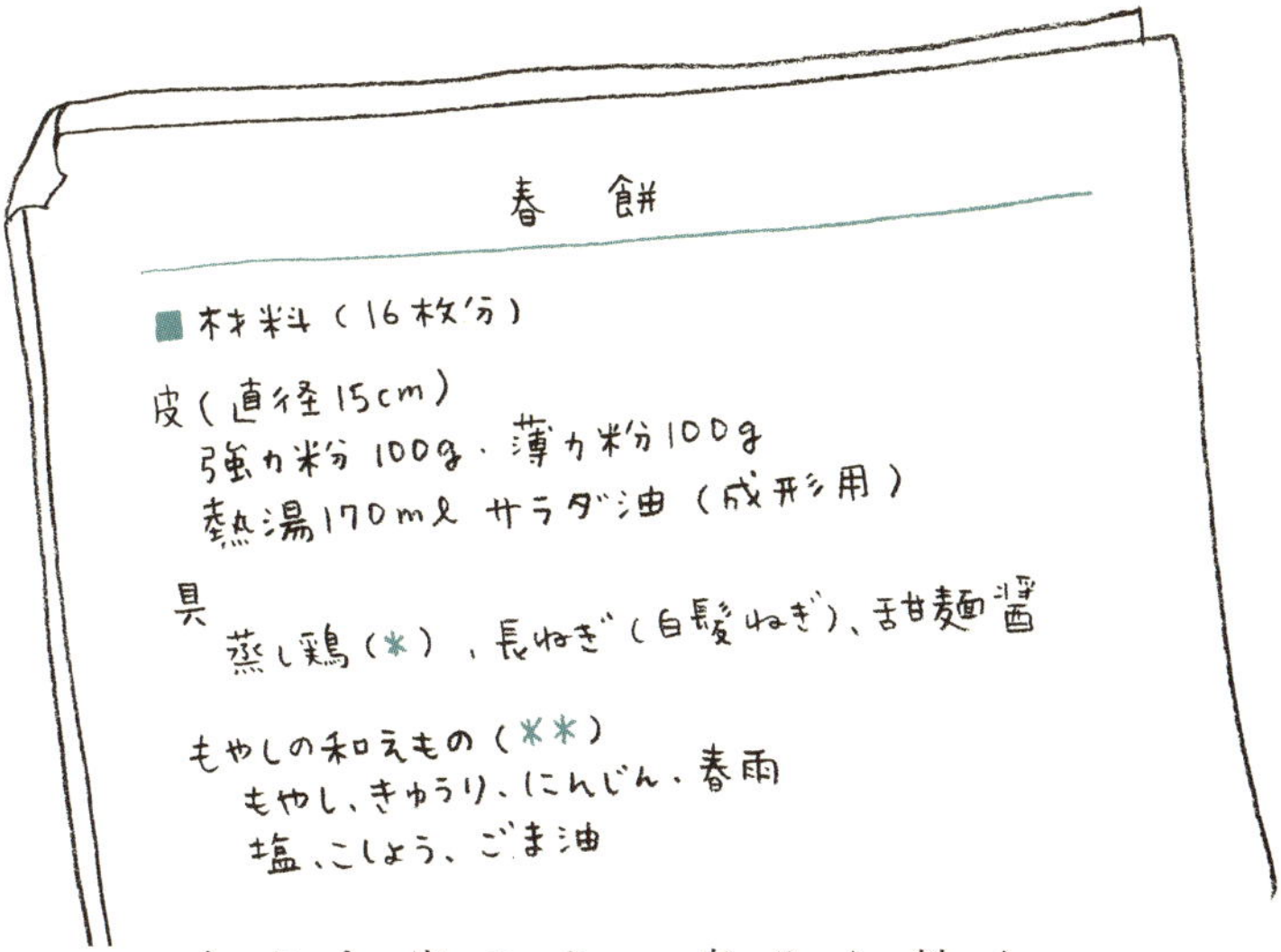
春餅
■材料（16枚分）
皮（直径15cm）
強力粉 100g、薄力粉 100g
熱湯170mℓ サラダ油（成形用）
具
蒸し鶏（*）、長ねぎ（白髪ねぎ）、甜麺醤
もやしの和えもの（**）
もやし、きゅうり、にんじん、春雨
塩、こしょう、ごま油

*鶏もも肉を下ゆでし、しょうが、酒、粒こしょうを入れて蒸し煮にし、冷ましてから食べやすい大きさに切る。
**さっとゆでた春雨、もやし、にんじんを、きゅうりと一緒に調味料で和える。

春餅は立春のときにいただく餅ですが、そのときに出す料理のことを、春のお盆という意味で「春盘《チュンパン》」といいます。そして春盘に欠かせないのが春の象徴のもやしです。

もやしには解毒作用がありますので、食べることで、冬の間に体にたまった毒素を排出させ、体を目覚めさせてくれます。もやしを春に食べることは、体にとってもちゃんと意味があるんですね。

今回のつけ合わせはもちろんもやし♥
解毒ー

生地を作るときの粉と水の考え方は、餃子と同じです。春餅は薄いほうがおいしいですから、熱湯を加えてこね、同じように15分ほどねかせます。（生地の作り方→18～19、30頁）

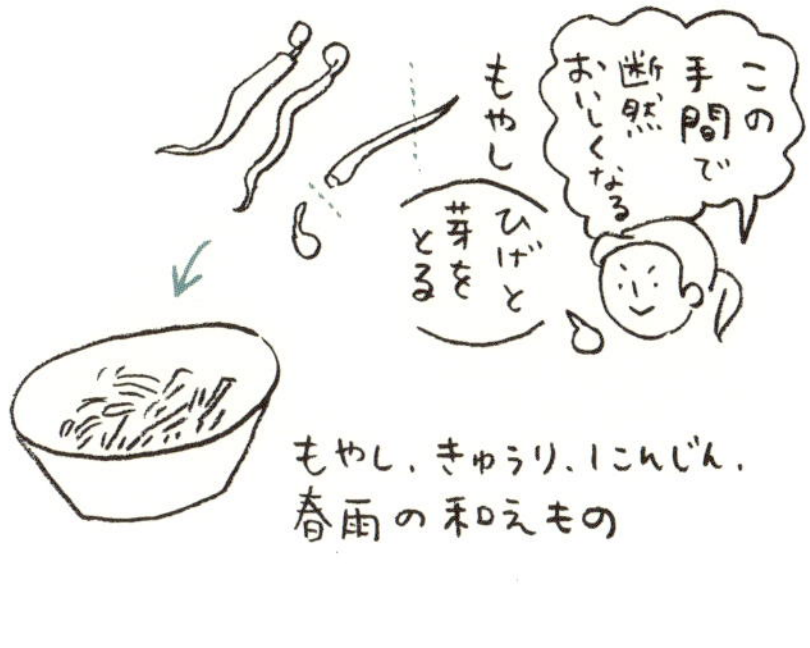
この手間で断然おいしくなる
もやし
（ひげと芽をとる）
もやし、きゅうり、にんじん、春雨の和えもの

春餅は、数ある小麦粉料理の中でも、本当にドラマチック。生地同士でくっついたり離れたり。それを水と油の力で演出します。

　まずは油のテクニックの登場。切り分けた生地を2つ1組のペアに分けます（生地の切り分け方→20頁）。このとき大事なのは、できるだけ同じ大きさのペアにすること。といっても人間ですから、まったく同じというのは無理ですよね。できるだけ同じ大きさの相手をさがしてペアにしてください。そして1つをつまんで油をたっぷりつけ、もう1つの生地に重ねます。2枚を重ねたまま、麺棒で薄く均等にのばします。

同じくらいの大きさ・重さの相手

　ここでの油の意味は、あとで2枚をはがれやすくするためのもの。油の膜によって、生地同士がくっつくのを防ぎます。また、熱湯の生地は水分をよく吸収しているので余分な油を吸いません。だから食べても油っぽくならないんですよ。

相性のよい相手を
見つけてください！
×
○

人間と一緒ですね。
年齢・性別は
関係ありません
けど。

焼くときに活躍するのが水。ここでは蒸気のかたちで登場します。２枚くっつけた状態で油をひかずに中火で焼き、ぷくっぷくっとふくらんできたら裏返して両面を焼きます。すると外側は香ばしくても、生地と生地の間に蒸気がとじ込められ、やわらかさがキープされるというわけです。

皿に取り出したら、スゥッと手ではがして盛りつけましょう。

ぷっくりしてきます
中火

わざわざ生地を２枚重ねた理由がおわかりになりましたか？

ありとあらゆる小麦粉料理の技を駆使して作る春餅は、春を象徴する食べ物であると同時に、中国人の小麦粉の長い歴史を象徴する食べ物でもあると思います。

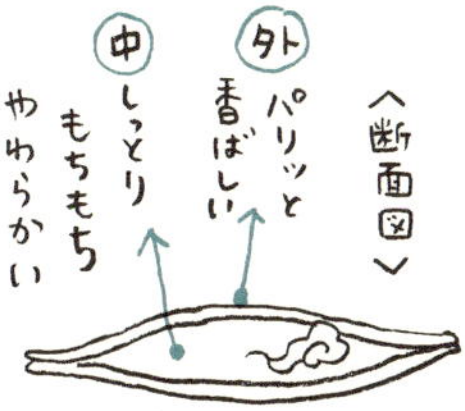
〈断面図〉
外 パリッと香ばしい
中 しっとりもちもちやわらかい

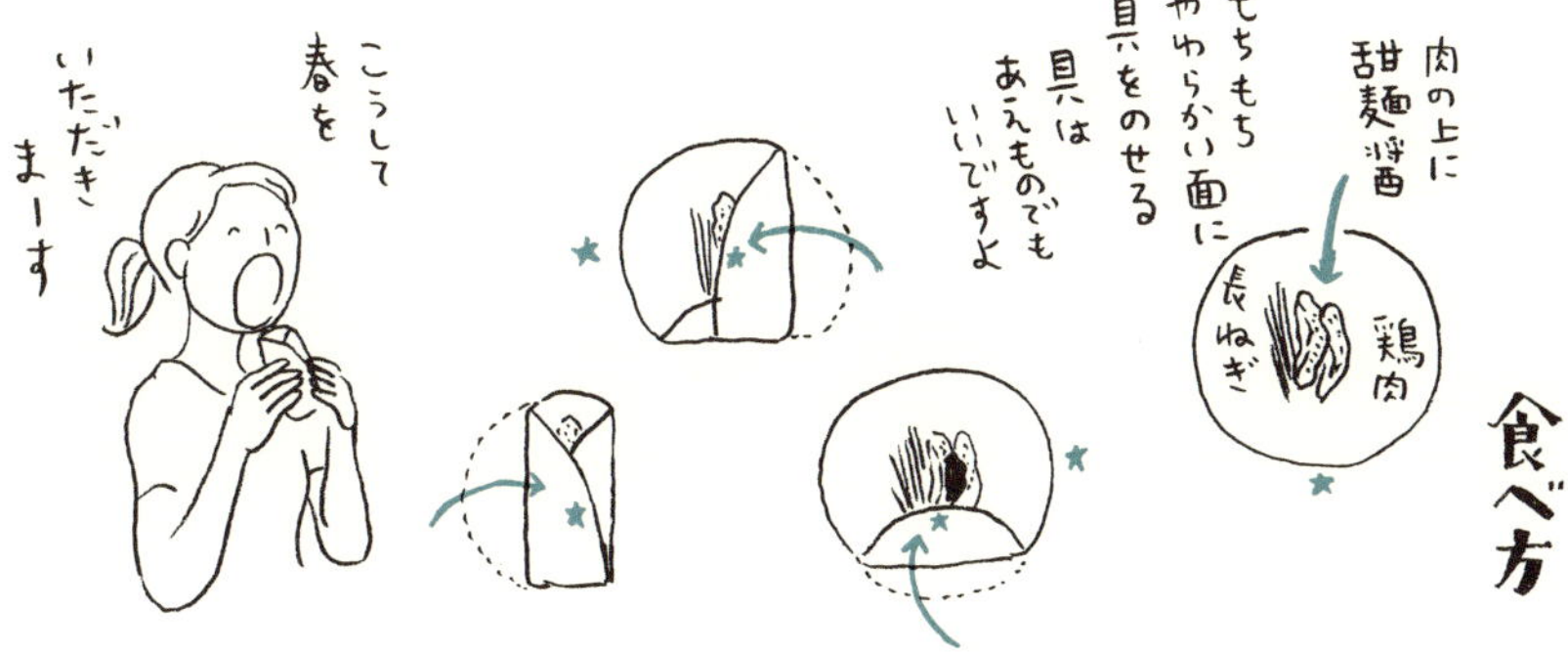
食べ方
肉の上に甜麺醤
長ねぎ
鶏肉
もちもちやわらかい面に具をのせる
具はあえものでもいいですよ
こうして春をいただきまーす

6 家常餅・葱花餅

jiā cháng bǐng, cōng huā bǐng

中国の餅

「餅《ビン》」という文字の話は春餅《チュンビン》でもしましたね。「餅《もち》」といえば、日本では、もち米でついたものをさしますが、中国では餅は、小麦粉を練って丸く焼いたもの。日本のお焼きに似ているともいわれることもありますが、作り方でも味でもまったく別のもののように思います。餅は中国では北方に多く、南方ではあまり見られません。

家常餅《ジアチャンビン》の「家常《ジアチャン》」は家庭料理という意味です。家常餅の位置づけは、日本でいうと白いごはんのようなもの。それぐらい気軽によく作られます。

主食ですから、おかずと一緒にいただきます。春餅でご紹介した餅との違いは、こちらはパイ生地のような層があること。その層に、おかずをはさんでいただきます。

ふかふかの饅頭《マントウ》（＝蒸しパン）や包子《パオズ》（＝肉まん）も主食になりますが、これらは生地を発酵させます。餅の生地は発酵させずにすぐに焼きますから、本当にすぐできます。あとは炒め物などをさっと作って巻けば、手早く食事がいただけます。納豆と一緒に食べてもよく合うんですよ。私は納豆、大好きなんです。中国は大豆の発酵食品が発達していますので、納豆もよく食べます。息子も私以上に納豆好きですから、娘が外出していないときは、二人で納豆ばかり食べているぐらいです。

小麦粉の甘みを味わう

葱花餅《ツォンホアビン》はそんな餅の中でもとても人気があります。先ほどの家常餅を日本の白いごはんに例えるなら、葱花餅は塩おにぎりのようなものでしょうか。小麦粉にほんのちょっと塩を足すことで甘みが引き立ち、油によって香ばしさを引き出されます。さらにそこにねぎの香りと甘みがプラスされ、北京っ子でなくてもやみつきになること間違いありません。これは、特にねぎが甘くなる初秋から初春にかけてよく作られます。

作り方は家常餅とほとんど同じ。小麦粉を練ってのばした生地に油をぬり、刻んだねぎをのせて巻いてから焼きます。こちらもパイ生地のような層があるのが特徴です。

西洋のパイは、生地を切って重ね合わせることで層を作りますが、家常餅や葱花餅の場合は、生地に油をぬってひとひねりしてつぶすことでできるんです。小麦粉って面白いでしょう。また、生地に油をぬる際にも、手や道具を油だらけにしないような工夫があります。この油のぬり方やひねり方に、長い間小麦粉料理になれ親しんだ歴史を感じていただけたらと思います。

本来、水と油は敵同士、相性が悪いものの代名詞です。でも、そこに小麦粉が入ることで、あっという間に仲良しに早変わり。小麦粉料理の世界は、粉、水、油の力で成り立っています。その中でも特に餅は、油と水の使い方が要です。

小麦粉の甘みと油がまざった風味、そしてパリパリとしっとりが組み合わさった食感は本当に絶品！これはお米にも何にも替えられない、小麦粉でしか味わえない味といえるでしょう。

家常餅・葱花餅のできるまで
生地を作る（18〜19、30頁）← 成形する★ ← 焼く★

家常餅・葱花餅のひけつ

あっという間に作れるものなんですね…
ちゃちゃっ

家常餅《ジアチャンビン》・葱花餅《ツォンホアビン》は、餅の中でも最も一般的。パイ生地のような層を作ります。層の作り方には、みなさん驚かれるかもしれません。生地をねかせる必要もありませんので、あっという間です。油をぬった生地を巻いてぴったりととじ、ねじってつぶしてでき上がり。これで本当に層ができるかどうかは、作ってみてのお楽しみです。

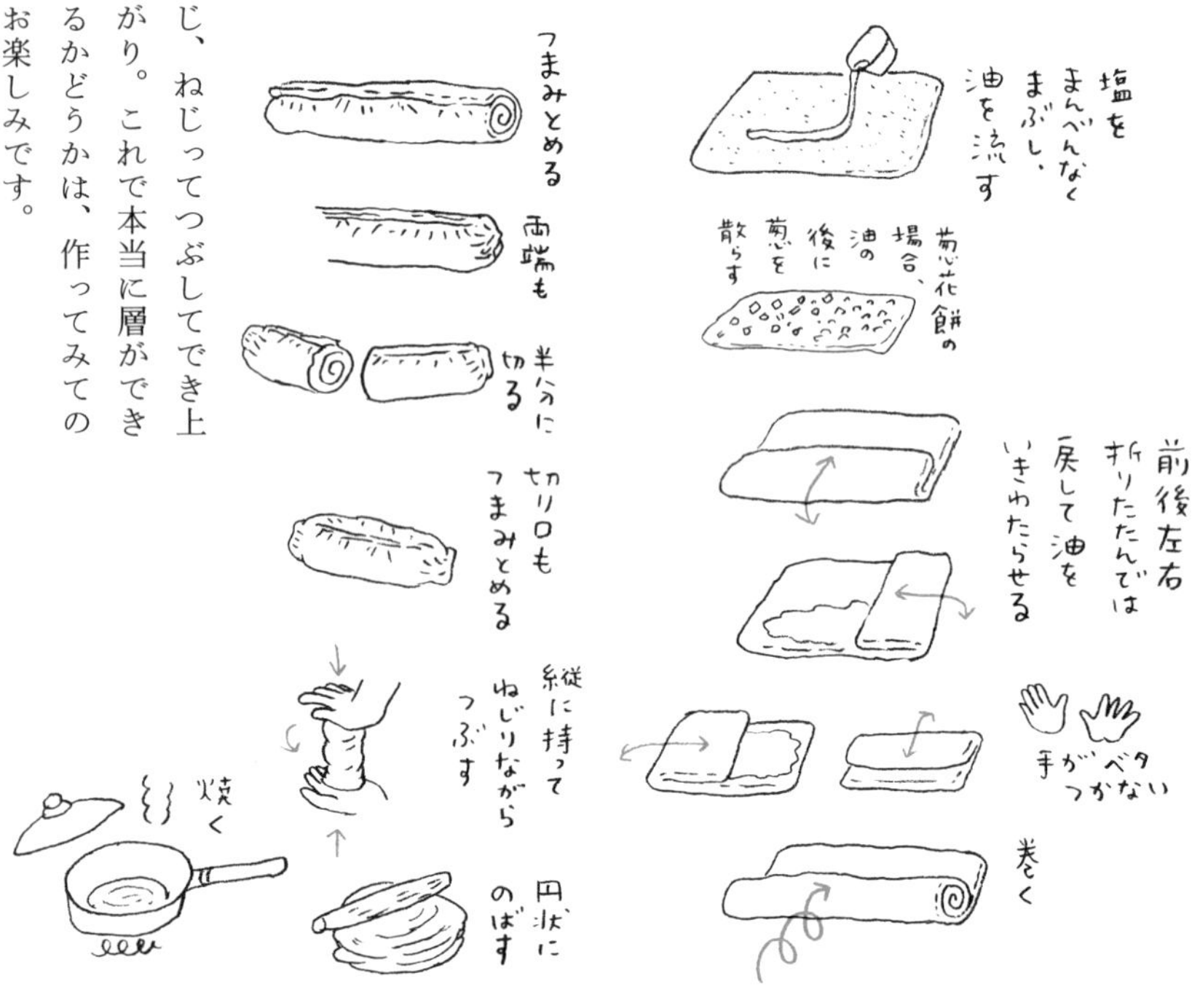
塩をまんべんなくまぶし、油を流す
葱花餅の場合、油の後に葱を散らす
前後左右折りたたんでは戻して油をいきわたらせる
手がベタつかない
巻く
つまみとめる
両端も
半分に切る
切り口もつまみとめる
縦に持ってねじりながらつぶす
円状にのばす
焼く

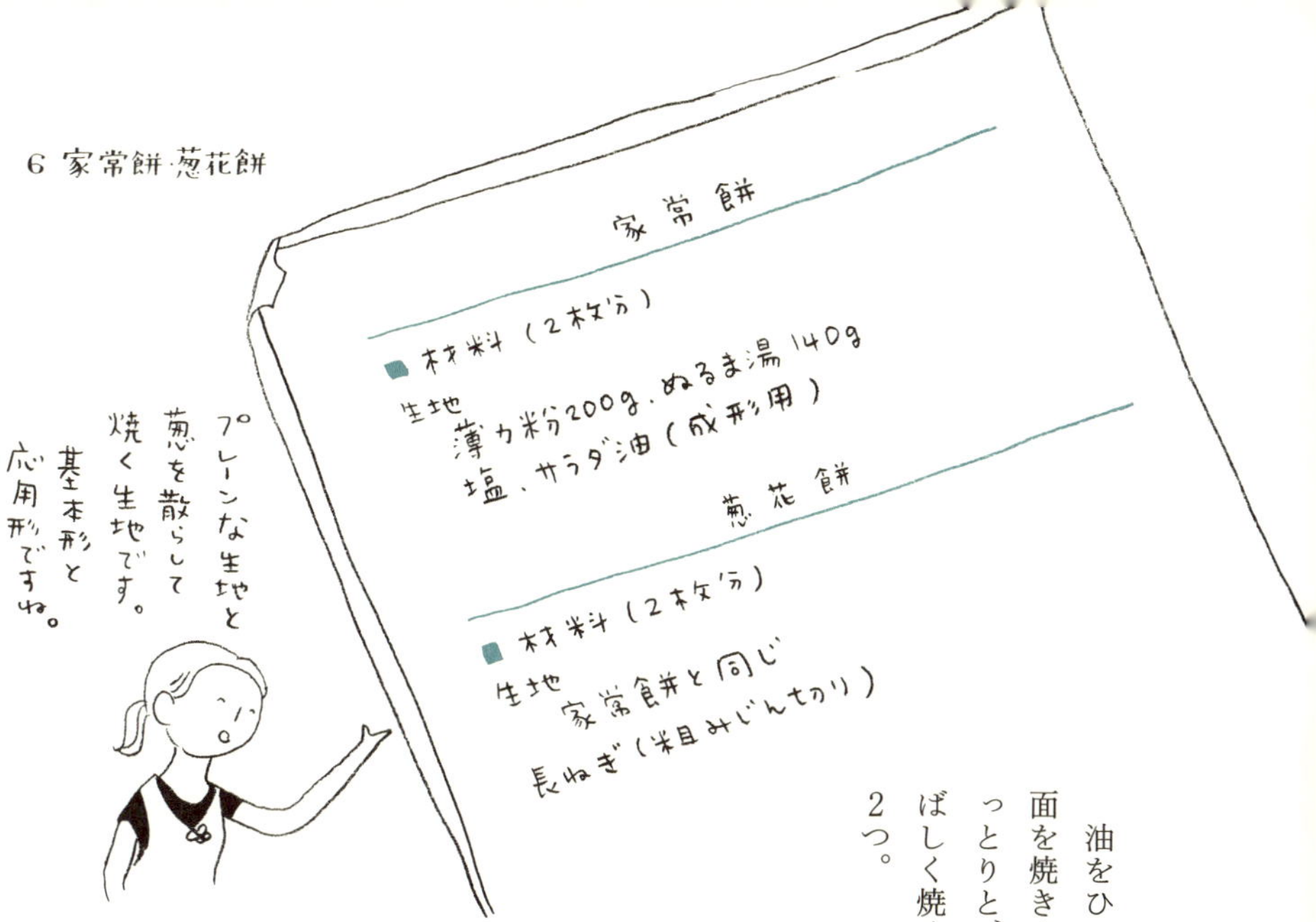
家常餅
■材料（2枚分）
生地
薄力粉200g、ぬるま湯140g
塩、サラダ油（成形用）
葱花餅
■材料（2枚分）
生地
家常餅と同じ
長ねぎ（粗みじん切り）
プレーンな生地と葱を散らして焼く生地です。
基本形と応用形ですね。

油をひいたフライパンで両面を焼きます。餅の内側をしっとりと、外側をこんがり香ばしく焼くためのポイントは2つ。

葱の代わりに
豚のひき肉を散らせばロービン肉餅です

1つ目は、ふたをして蒸し焼きにすること。蒸し焼きはかつてオーブンがなかったアジア人の知恵から生まれた技です。2つ目は、層と層の間に蒸気をきちんと保ちながら短時間で焼き上げること。そのためには、成形のときに蒸気が逃げないようきちんととじることがとても大事。上手に成形できたかどうかは、焼けば一発でばれてしまいます。

7 焼餅

shāo bǐng

香りを楽しむ

焼餅《シャオビン》は、数ある北京の小麦粉料理のなかでもいちばんよく食べられている餅です。前回ご紹介した家常餅との違いは、ドライイーストを入れた発酵生地で作ること。餅には大きく分けて発酵させるものと発酵させないものがありますが、発酵させた生地を焼くと「焼餅」と呼び、家常餅のように発酵させない場合は「大餅《ターピン》」といいます。大餅は焼きたてじゃないとおいしくありませんが、焼餅は冷めてもおいしいのが特徴です。

フライパンで焼きますので、とても気軽に作られます。西洋ならオーブンでパンを焼く

のが一般的ですが、中国では蒸したり、フライパンで焼いたりが普通です。私たち東洋の国では、もともとオーブンを使う料理が少ないですね。同じ小麦粉料理にしても、それが西洋と東洋の台所の違いだと思います。

焼餅のように焼いて作る場合は、小麦粉は強力粉を使います。強力粉は薄力粉よりグルテンが多く、水分をたくさん加えてよくこねることで、弾力が出ます。

さて、椒塩焼餅《ジャオイエンシャオビン》の調味は、塩とスパイスです。花椒《ホアジャオ》という独特の爽やかな香りがする山椒のスパイスを使います。とてもポピュラーなスパイスで、中国ではどこの地方の家庭でもふだんの料理に使っています。西洋のパンにもよくスパイシーな香りがするものがありますよね。なぜかというと、発酵の生地は香りを吸収するからです。発酵することで生地の中に空気が含まれますから、そこにスパイスが入り込み、さらに焼くことで香ばしい香りの存在感と小麦粉のおいしさが引き立つのです。かむ瞬間にふわっと押し出されるあの香りはたまりません！　香りと発酵生地の口当たりのよさが、その人気の理由です。

麻醤焼餅《マアジャンシャオビン》も同じように、ごまの香りで発酵生地を楽しみます。ごまペーストのかわりにピーナッツバターでもよく合いますし、ごまペーストと先ほどの花椒を合わせてもおいしいです。

発酵生地の小麦粉料理といえば、ほかに花巻《ホアチュアン》がありますが、これも同じようにプレーンのものだけでなく、花椒塩や麻醤を生地にぬったりします。花巻の場合は蒸すという点で違いますが、焼くほうが蒸すよりぜんぜん香りはいいですね。

焼餅は、主食としてそのまま食べたり、おかずと一緒に食べたりしますが、煮物やスープ料理によく合います。特におすすめは、しゃぶしゃぶなどの鍋の最後に入れて、汁を浸して食べる方法。発酵生地はスポンジみたいになっていますので、汁のうまみを全部吸って、最後まで余さずいただけます。食べ方にいろいろあるのも、焼餅の魅力のひとつだといえましょう。

焼餅のできるまで
生地を作る（18〜19頁）★
← 一次発酵（133頁）
← 成形する★
← 焼く

焼餅のひけつ

フライパンでパン!!

いよいよ発酵生地の登場です！　焼餅《シャオビン》はフライパンで焼くパンのようなもの。スポンジのようにふわふわな生地です。さらにねじってつぶすテクニックで層を作りますから、たっぷりの空気が中に含まれます。その中に花椒《ホアジャオ》やごまなどのスパイスをとじ込めることで、食べたときに一気に口の中に香りが広がるというわけです。

中国にはもちろん普通のパンもありますよ
小麦粉おいしい

花椒を炒ってすり鉢ですり、塩と合わせて作る花椒塩《ホアジャオイエン》は、中国ではとても一般的。麻醤《マアジャン》焼餅《シャオビン》のごまペーストは市販のものでかまいません。黒砂糖を混ぜてみて、かたいようであればごま油を少し足して調節します。

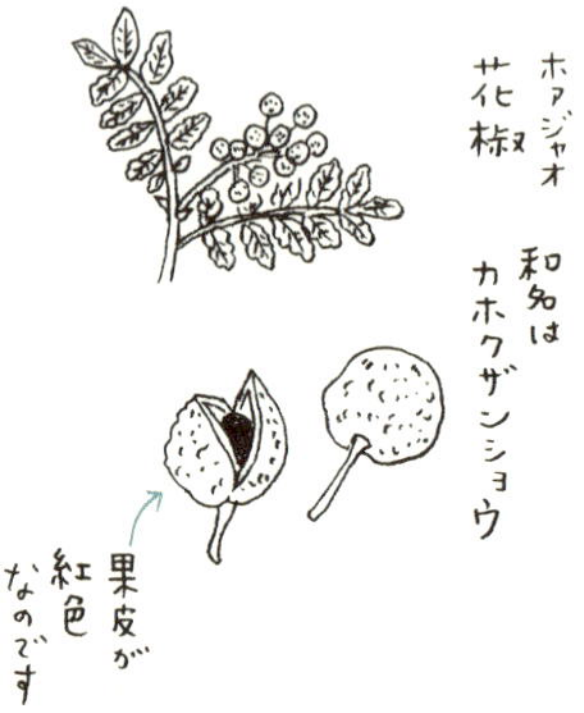

花椒《ホアジャオ》
和名はカホクザンショウ
果皮が紅色なのです

粉は、ふっくらと弾力ある生地にするために強力粉を。ぬるま湯が多めのやわらかい

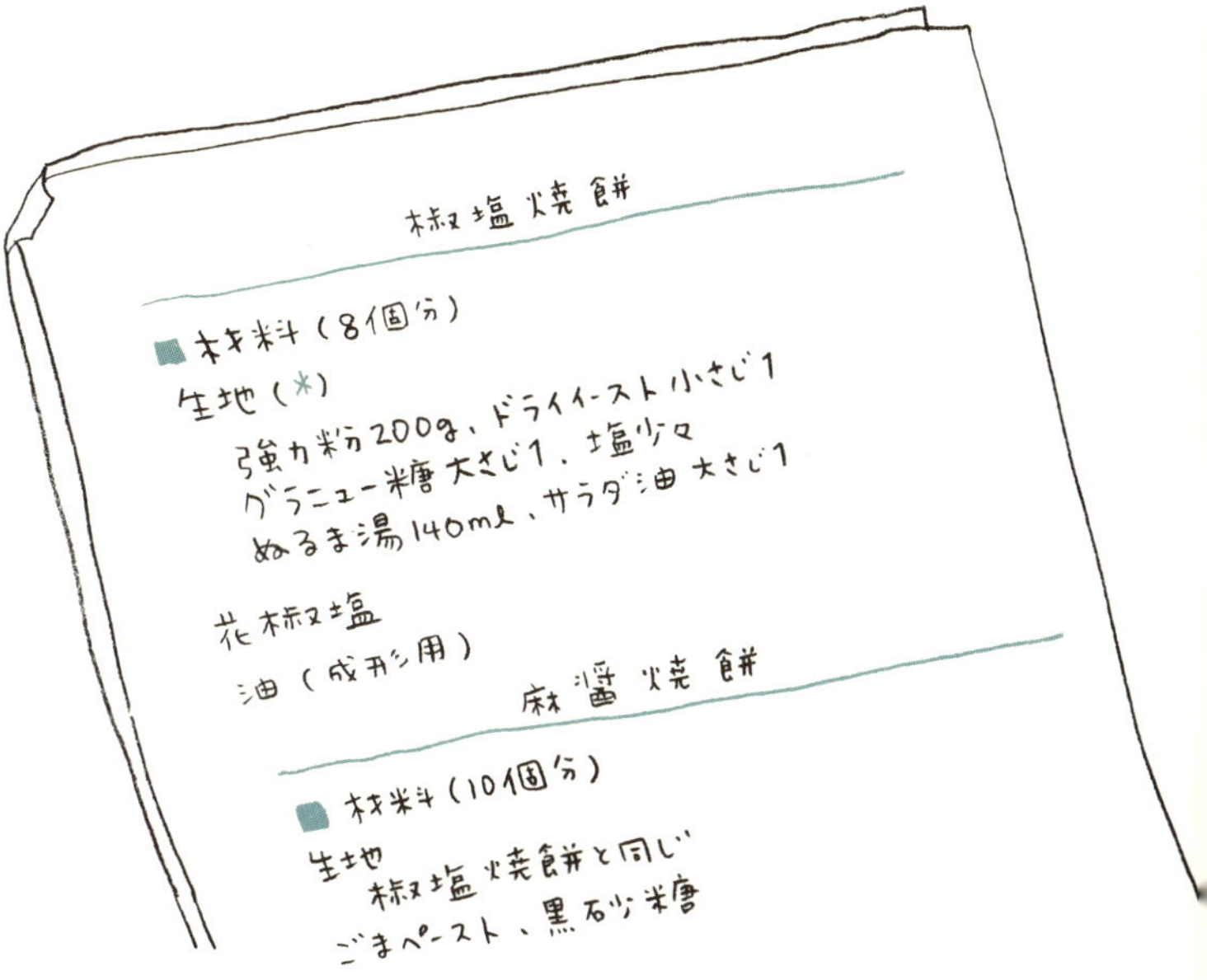
椒塩焼餅
■材料（8個分）
生地（＊）
強力粉200g、ドライイースト小さじ1
グラニュー糖大さじ1、塩少々
ぬるま湯140ml、サラダ油大さじ1
花椒塩
油（成形用）
麻醤焼餅
■材料（10個分）
生地
椒塩焼餅と同じ
ごまペースト、黒砂糖

＊粉とドライイースト、グラニュー糖、塩を合わせて混ぜてから、ぬるま湯を加えてこねる。生地がまとまってきたら、サラダ油を加えてさらにこねて、なめらかになったら、形を丸く整えて、室温でねかせて一次発酵させる。

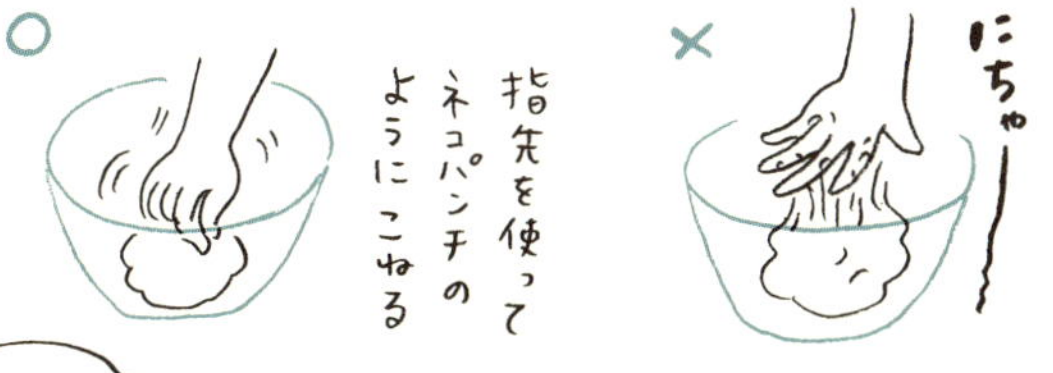
✕
にちゃー
やわらかい生地なので、手のひらを使うと、
○
指先を使ってネコパンチのようにこねる

生地が手にくっつく前にパッと放してはこねます。
にゃっ
ちゃんとまとまります手につかなくなる

生地は、慣れないうちはなかなかまとまりません。

でもまとまらないからといって、粉を足すことはしないでください。あきらめないでやっているとそのうちちゃんとまとまってきますからね。生地がなめらかに変化するときの感覚をぜひ覚えてください。（生地の作り方→18～19頁）

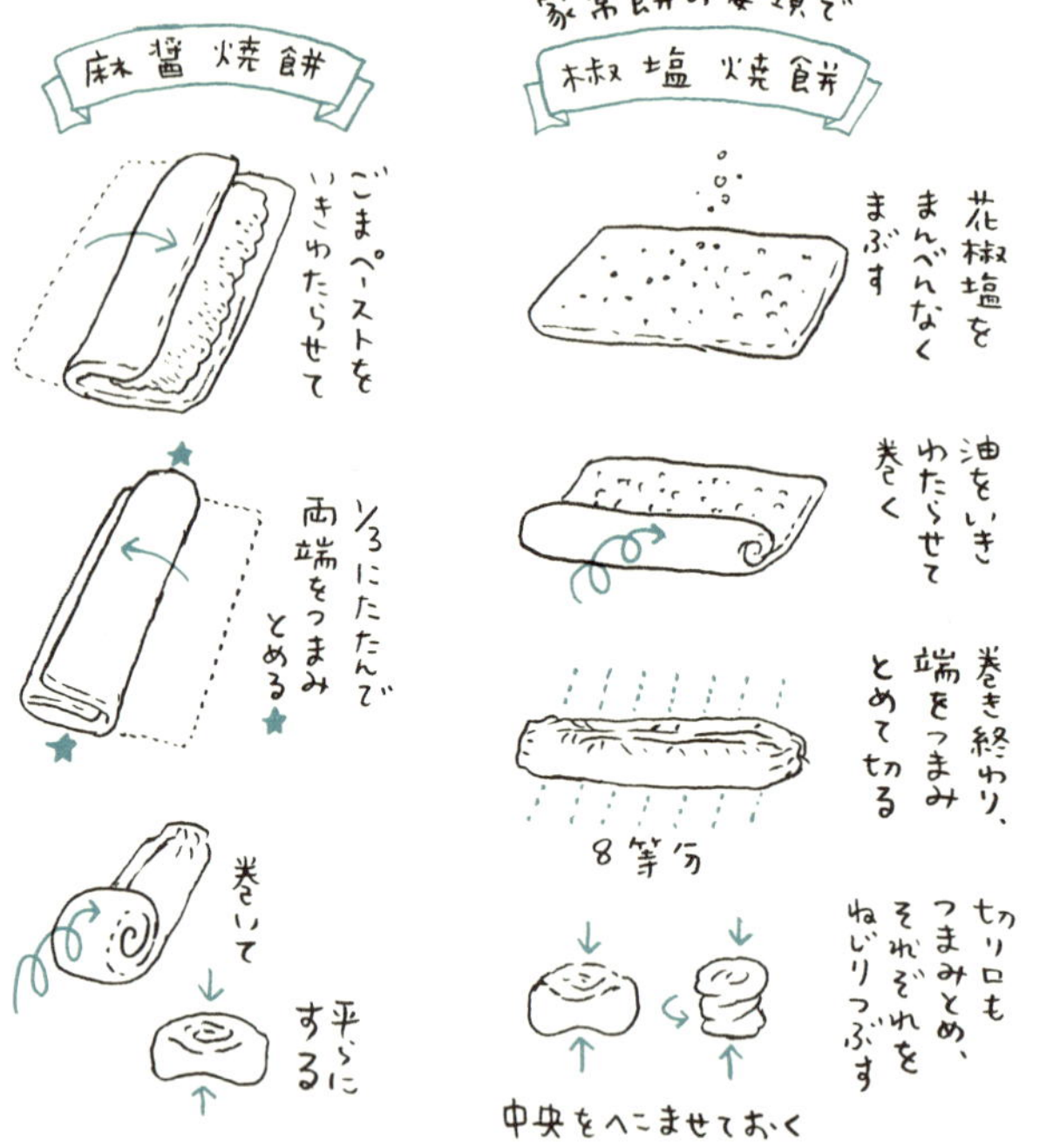
家常餅の要領で
麻醤焼餅
椒塩焼餅
ごまペーストをいきわたらせて
花椒塩をまんべんなくまぶす
1/3にたたんで両端をつまみとめる
油をいきわたらせて巻く
巻き終わり、端をつまみとめて切る
8等分
巻いて
平らにする
切り口もつまみとめ、それぞれをねじりつぶす
中央をへこませておく

一次発酵の具合は、生地に聞いてみること。イーストは時間ではなく温度で発酵しますので、時間は季節によって全然違います。一応の目安は、夏は30分、冬は1時間。家では、この間におかずを作ります。（一次発酵→133頁）

成形のときに大事なのは、香りが逃げないようぴったりとじること。椒塩焼餅《ジャオイエンシャオビン》の油をぬってねじってつぶすテクニックは、家常餅《ジァチャンビン》と同じ要領です。麻醤焼餅はつぶしたあと、表面に水をつけて、パラパラとごまを散らしてもおいしいです。

二次発酵は、わざわざ必要ありません。みなさんが10個作っている間に発酵は勝手に進んでいますよ。生地は待ってくれません。成形が終わったら、どうぞ焼いてしまってください。

強火で両面を焼いて表面をかためてから、弱火でふたをして表と裏を4分ぐらいずつ焼いてでき上がりです。

パンのようにそのまま食べたり、スープや鍋に入れて食べたり、どうぞいろいろお試しください。

パクッ
そのままでも
おいしいです

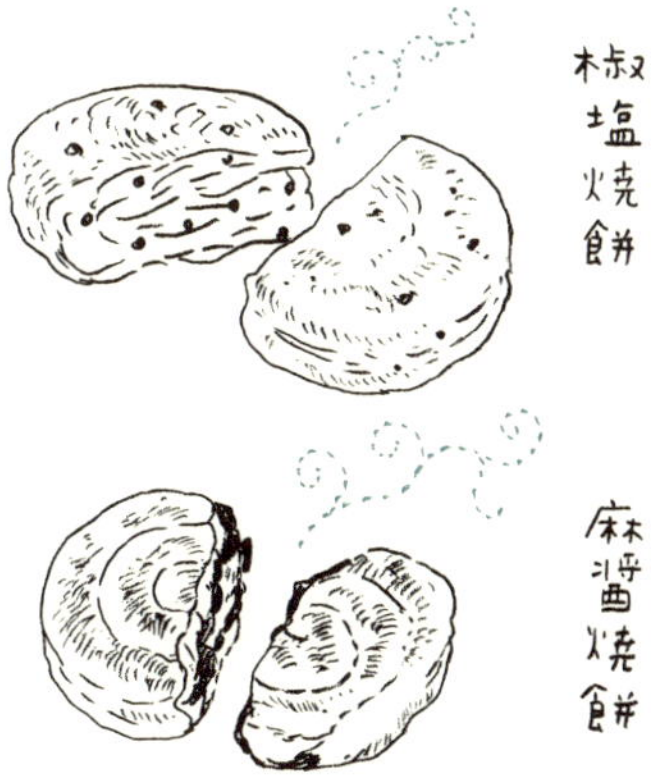
椒塩焼餅
麻醤焼餅

豚のやわらか
スペアリブスープ
や
トマトと卵のスープ
など
スープに浸したり、鍋もののあとに入れたり、おやつ代わりにしたり、食べ方いろいろ！
娘が大好きなんです、コレ。

8 空心餅

kōng xīn bǐng

中がからっぽの空心餅《コンシンビン》

茎が空洞になっている「空心菜《くうしんさい》」という中国野菜はご存じの方も多いと思いますが、「空」という字は「空いている」ということを意味します。「心」は「中」という意味ですから、中が空いている状態に焼いた餅《ビン》を空心餅《コンシンビン》といいます。外側にごまをたっぷりつけて香ばしく焼き、中の空洞にひき肉の甘辛炒めを詰めていただきます。中を空洞にする方法は作ってみてのお楽しみ！　長い間小麦粉に親しんだ知恵と歴史が作り出した技を使います。

実はこれは中国の宮廷料理の一品。つまり皇室に出された料理です。というと、豪華絢爛で、普通の人はなかなか食べられないものというイメージがあるかもしれませんが、ところがこれはご家庭で簡単に作っていただけます。

中国の宮廷料理は、ヨーロッパ、特にフランスのものみたいに完成されているものではありません。特に調理法において、そう言えます。なぜかと言いますと、いろいろな地方の料理が盛り込まれただけでなく、長い中国の歴史の変化によっても、料理

が変わっていったからです。

一番の大きい理由は、民族が多いということです。現在、中国にはいくつの民族があると思いますか。56もの民族がいるのです。民族によって食べ物が変わってくるということは、日本の方たちには、あまりピンとこないことかもしれませんね。

中国人の食事の誘い方

民族が違うと根本的に、生活習慣と考え方が違ってきます。

現在、中国で一番多い民族は漢民族ですが、その他の少数民族の中でも人口が多いものに、満州族や回族（イスラム教徒）がいます。民族は違えどみんな顔は似ています。これだけの民族があるのですから、何か集まりがあると、少数民族の方がいることも多いです。

みなさんはお友だちを食事に誘うとき、どのように誘いますか。「イタリアンはどう？」「和食にしますか？」などと相手の好みを聞きますよね。中国の場合だと、「おすすめのお店があるのですが、食べられないものはありますか？」と聞くのが普通です。たとえば豚肉料理専門店ですと、回族の人たちが宗教上の理由で禁じられているため食べることができません。中には本当は豚肉をおいしく感じるという人もたくさんいますし、実際に食べている人もいます。それでも、誘う方はマナーとして、教養のある人として、相手に聞かなくてはいけません。中国人を食事に誘うときは、ひと言聞いてみてください。ささいなことですが、それによって、「この人は、中国の習慣を尊重してくれている」と思われることと思います。

また、民族によって性格もさまざまですから、常にまわりを意識しながら生きていく必要があります。日本人はふだん民族を意識することがないせいか、中国人に比べると自己防衛の能力がとても低いように思います。とてもお人好しでだまされやすかったり、判断が甘かったり。危ないとわかっている地域にわざわざ行ったりして、中国人の私にはとても不思議に思います。中国のように多くの民族が同居する環境の中では、人への思いやりももちろん大切ですが、自分も上手に生きていく能力が重要になるのですね。

西太后《せいたいこう》と満漢全席

さて、このように民族がたくさん同居している国ですから、いろいろな料理が生まれました。ご存じのように中国はとても広大な国ですから、もともと地方の料理というものもたくさんあります。

そして4000年の歴史の中でも、宋、元、明、清という時代の変遷を経て、中国料理も一つのかたちが確立されてきました。中でも激しく勢力を争ってきた漢民族と満州族の影響を一番顕著に受けていたものの一つが宮廷料理でした。狩りをしながら移動生活をする騎馬民族（満州族）だからこその野趣あふれる料理と、武より文を重んじる漢民族のとても繊細な料理。それぞれ一番いいものをそのまま集めた宮廷料理が、「満漢全席」です。全部で100皿以上の料理から成り、延々と3日かけて食べ続けるという、中国ならではの壮大なスケールの宮廷の宴席料理です。そのような豪華な宮廷料理の中に、なぜかこの「空心餅」のような素朴な小麦粉料理が含まれています。そこには、西太后《せいたいこう》という中国歴史上最も有名な一人の女性の存在がありました。

西太后は清朝末期の権力者でしたが、舌もたいへん肥《こ》えていて宮廷料理にとても大きな影響を与えたと言われています。実際、

宮廷料理に繊細でやさしい味の料理も多いのは、やはり女性である西太后のおかげだと思います。彼女は一時期、8ヵ国連合に追われて東北地方で亡命生活を送っていたのですが、そのとき身を寄せていた民家で口にした田舎料理の一つが空心餅でした。疲れた体に小麦粉のやさしい味が口にあったのでしょうか。その後、宮廷に戻ってからもその味が忘れられず、お膳所でわざわざ作らせたという逸話が残っていて、空心餅は現在も北京宮廷料理には欠かせない一品となっています。

西太后も愛した空心餅、ぜひ作ってみていただきたいです。

空心餅のできるまで
生地を作る（18〜19、75頁）← 一次発酵（133頁）← 具を作る ← 成形する★ ← 焼く

美人でした
西太后

空心餅のひけつ

別名肉末焼餅《ローモーシャオビン》ともいう空心《コンシン》餅《ビン》。中をきれいな空洞にするために油の力を使います。かつて西太后《せいたいこう》を迎えることになった東北地方の人びとは、代々伝えられた小麦粉と油のテクニックを駆使して、できるかぎりのおもてなしをしたのでしょうね。

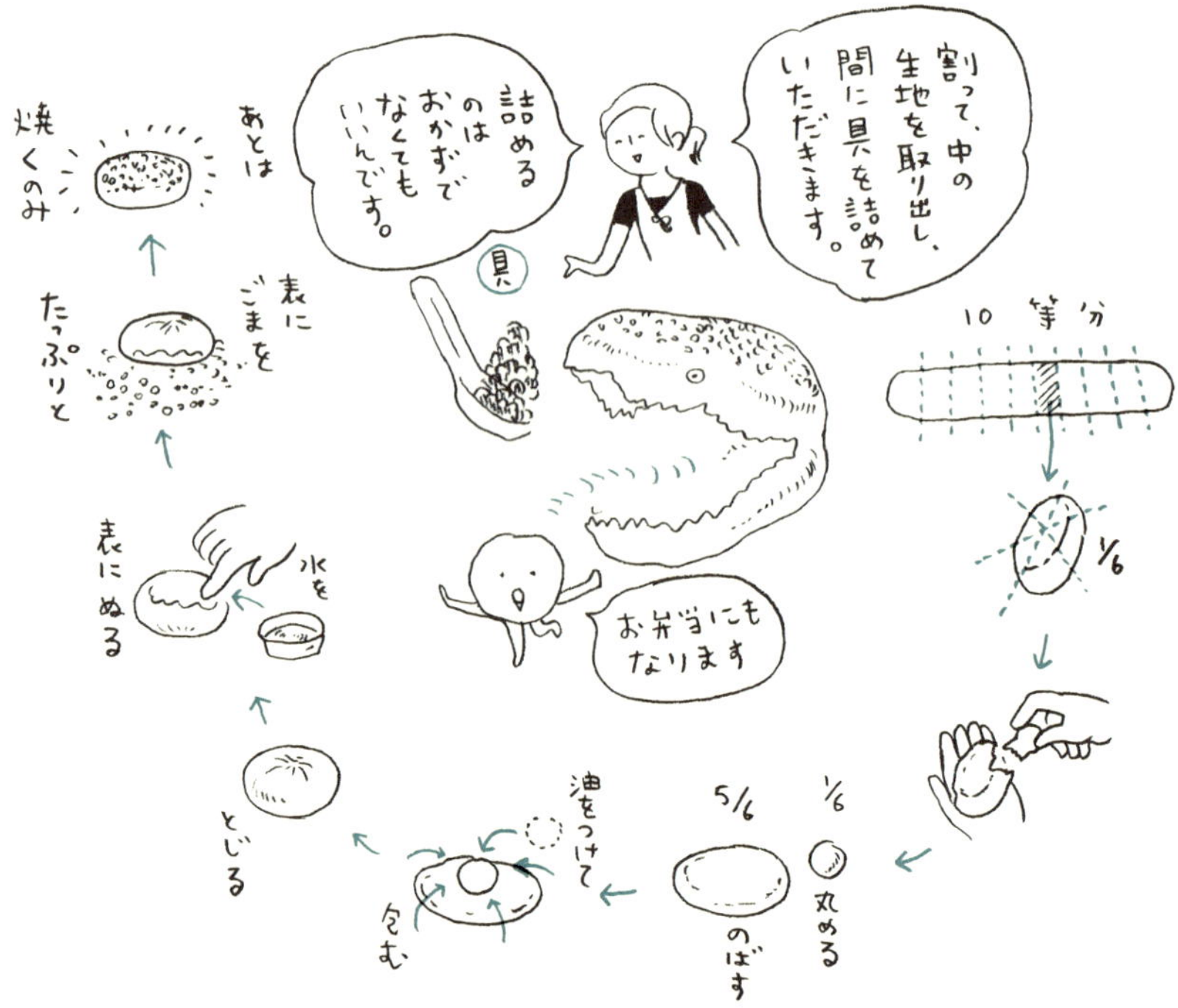
割って、中の生地を取り出し、間に具を詰めていただきます。
詰めるのはおかずでなくてもいいんです。
具
お弁当にもなります
10等分
1/6
1/6
丸める
5/6
のばす
油をつけて
包む
とじる
水を
表にぬる
表にごまをたっぷりと
あとは焼くのみ

3 空心餅

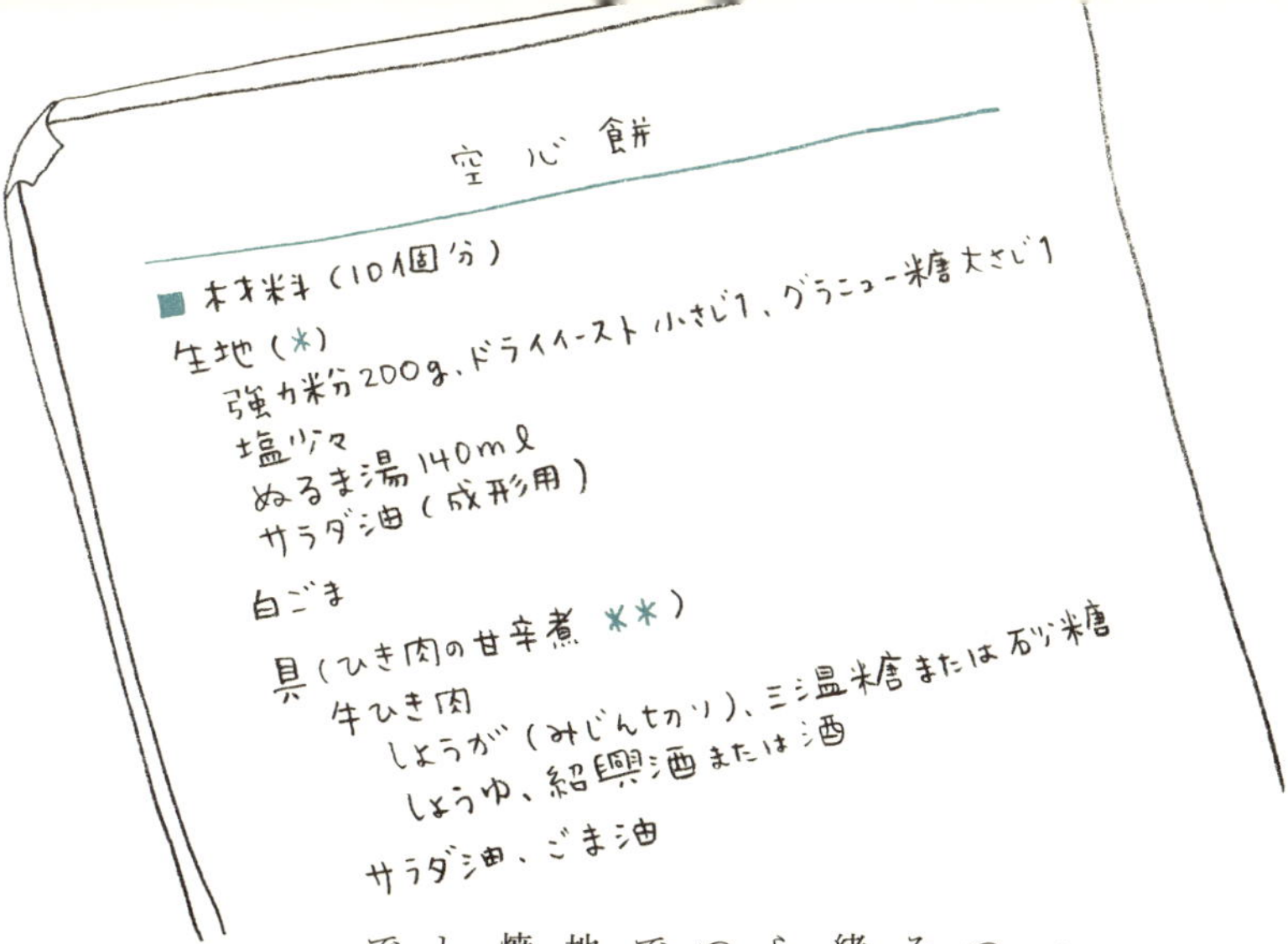

空心餅
■材料（10個分）
生地（＊）
強力粉200g、ドライイースト小さじ1、グラニュー糖大さじ1
塩少々
ぬるま湯140ml
サラダ油（成形用）
白ごま
具（ひき肉の甘辛煮 ＊＊）
牛ひき肉
しょうが（みじん切り）、三温糖または砂糖
しょうゆ、紹興酒または酒
サラダ油、ごま油

＊焼餅と同様に作って一次発酵させる。
＊＊サラダ油、ごま油でひき肉を炒めて、調味する。

空洞の秘密は、発酵生地の一部をちぎって油をちょっとつけ、残りの生地で包みます。そうすると、外側の生地と一緒に中の生地も発酵してふくらみます。パンの中にもう一つパンがあるようなイメージでしょうか。油のおかげで生地同士がくっつきませんので、焼いた後、中の生地を取り出して空洞ができるというわけです。

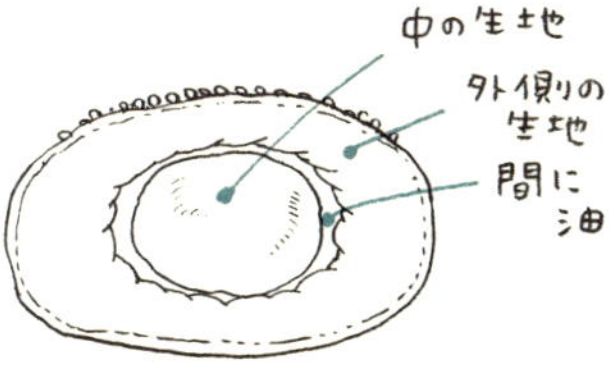

中の生地
外側の生地
間に油

あとはフライパンで焼くだけ。ゴマがはがれないよう、ゴマの面から先に両面ともじっくり焼きます。

食べるときに手で半分に割って中の生地をひっぱりだし、できた空洞に甘辛味のひき肉のそぼろを詰めていただきます。中の生地？　もちろん食べられますよ。

わ!!
中が空ですね！
この料理の名前、聞いてましたか？

9 油条・油餅

yóu tiáo, yóu bǐng

北京の朝ごはん

油条《ヨウティアオ》、油餅《ヨウビン》という名前を見ても、みなさん、どんなものかわからないかもしれませんね。でもお粥の上にちょこっとのっている揚げパンといえば、ご存じの方も多いのではないでしょうか。油条と油餅は形の違いで、棒状のものを油条といい、丸くて平らなものを油餅といいます。餃子や肉まんは中国でも北の地方の食べ物ですが、この油条や油餅は中国全土で食べられています。日本へは、香港を通じて飲茶と一緒に伝わったものの一つです。

朝、北京の街角の屋台や小さなお店で、揚げたての油条・油餅と、豆乳やお粥をすするサラリーマンやＯＬの姿をあちこちで見かけます。中国の朝ごはんとして、定番中の定番なのですが、実は私の母が家で作ったことは一度もありません。なぜかと言いますと、朝しか食べませんし、たくさんは食べられないからです。

中国人の朝は早いです。最近でこそ国際化の影響でゆっくりのところも増えてきましたが、基本的には会社は8時に始まるのが普通です。私の母は太極拳をやっていま

すが、7時にはもう終えて家に帰ってきていますよ。朝食から昼食までの時間が長いぶん、朝しっかり食べないとお腹がすいてしまってもちません。小麦粉を油で揚げることによって食欲がそそられますし、高カロリーなので1日のエネルギーをここからつけられます。特に北京のように乾燥する地域では、カロリーを摂りながら油も摂取することで、肌に油分が保てます。肌にぬるより口から摂るほうが簡単で、体にもいいですよね。

飲むお粥

揚げパンと一緒にお粥や豆乳をいただくことにも、ちゃんと理由があります。起きたばかりの朝は内臓もまだ目覚めていませんから、血糖値を上げるために炭水化物を摂ることが必要ですし、水分補給も必要です。中国人には生水をそのまま飲むという習慣がなく、空腹の状態でお茶を飲むということもしません。ですから、朝、お粥を食べることで、炭水化物と水分の二つをいっぺんに摂るのです。中国のお粥は水分たっぷりでとても薄いため、「食べる」のではなく「飲む」と言うくらいなんですよ。

揚げパンを豆乳に浸していただくのも、体が求めているように、すーっとやさしく胃におさまります。タンパク質は動物性より植物性のほうが体に吸収しやすいからでしょう。また、多民族国家の中国では肉を食べない人もいますので、大豆製品がとても豊富。豆乳も日本人が牛乳を飲むぐらい身近な感覚でいただきます。

揚げたての油条・油餅は本当においしくて、やみつきになります。これを家で作ると、1本2本じゃすみません。うっかり食べすぎると、あっという間に太ってしまいますので、気をつけてくださいね。

油条・油餅のできるまで
生地を作る（18〜19頁）★ ← 成形する★ ← 揚げる★

油条・油餅のひけつ

油条《ヨウティアオ》、油餅《ヨウビン》は、同じ生地で作る揚げパン。形の違いで小麦粉の味が驚くほど変わります。

たっぷりの油とみょうばんを使いますから、これを作るときには、3つのことを絶対守ってください。

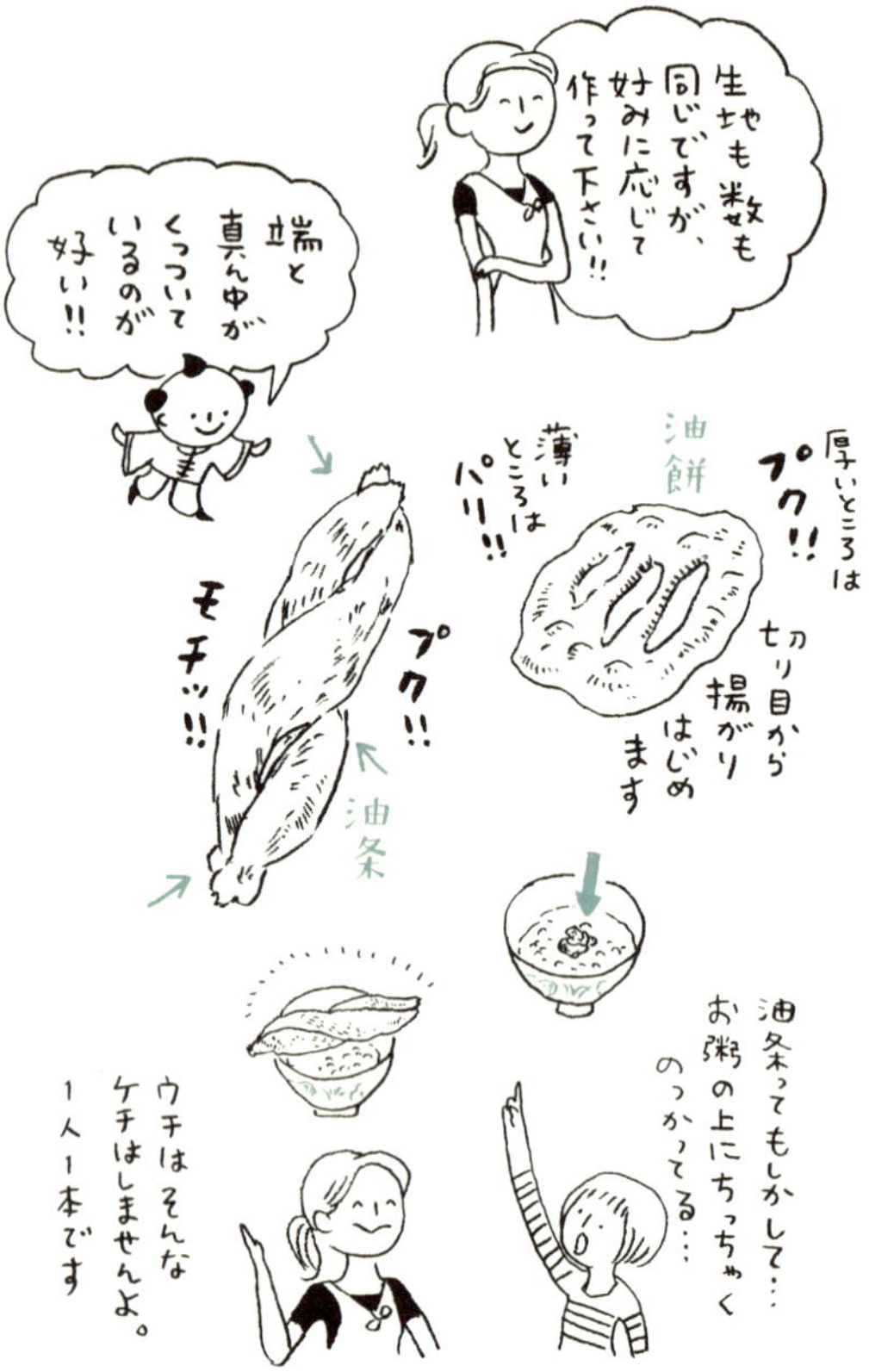
生地も数も同じですが、好みに応じて作って下さい!!
端と真ん中がくっついているのが好い!!
厚いところはプク!!
油餅
薄いところはパリ!!
切り目から揚がりはじめます
プク!!
モチッ!!
油条
油条ってもしかして…お粥の上にちっちゃくのっかってる…
ウチはそんなケチはしませんよ。1人1本です

食べ過ぎれば何だって太りますよ!
1人1本!
太りそう〜

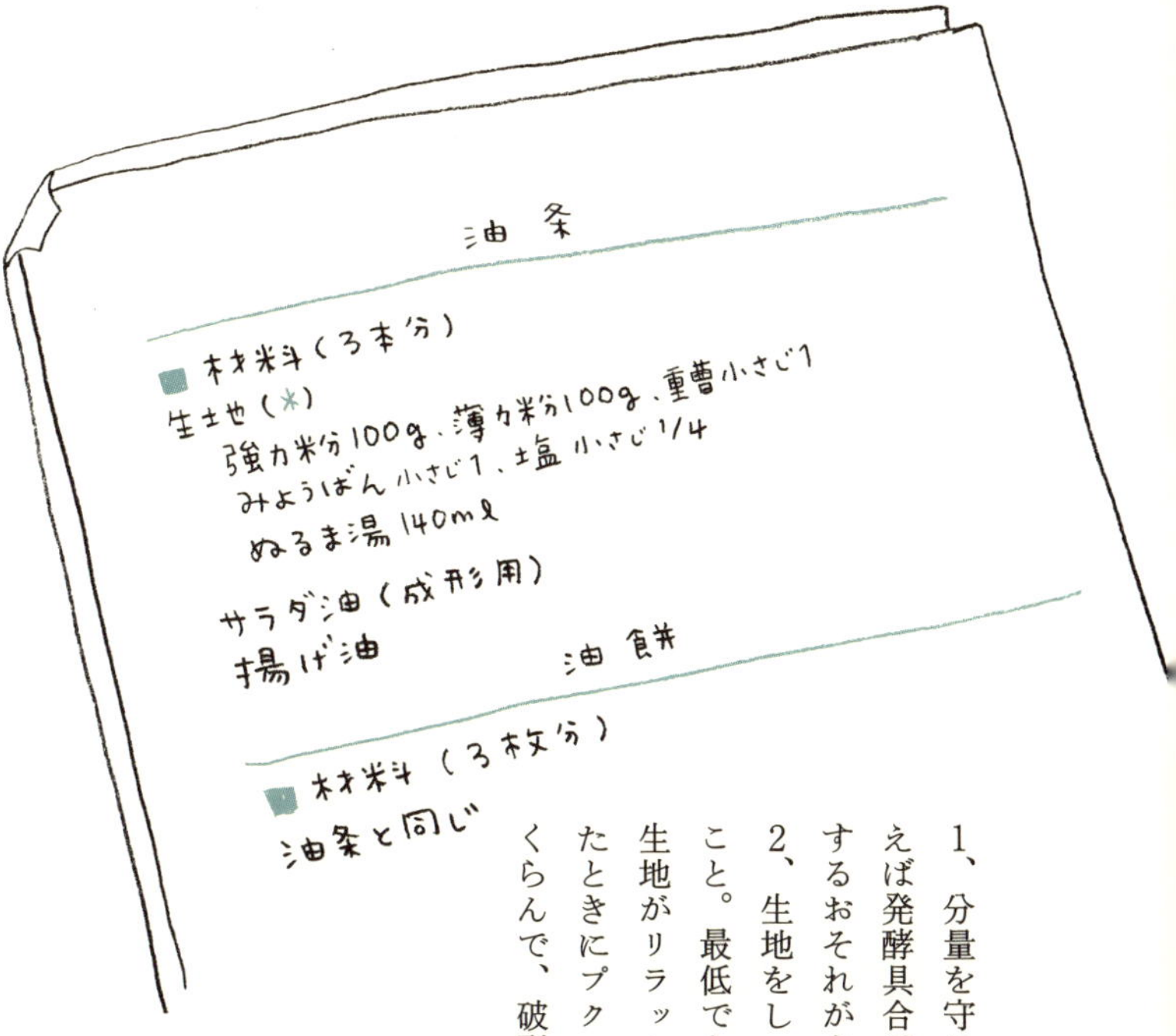
油条
■ 材料（3本分）
生地（＊）
強力粉100g、薄力粉100g、重曹小さじ1
みょうばん小さじ1、塩小さじ1/4
ぬるま湯140ml
サラダ油（成形用）
揚げ油
油餅
■ 材料（3枚分）
油条と同じ

＊強力粉、薄力粉、重曹、みょうばん、塩を合わせ、ぬるま湯を加えてこね、やわらかい生地を作る。ねかせる時間は最低でも4～5時間。

1、分量を守る。分量を間違えば発酵具合が変わり、破裂するおそれがあります。

2、生地をしっかりねかせること。最低でも4～5時間。生地がリラックスして、揚げたときにプクッときれいにふくらんで、破裂しません。

3、揚げるときは水まわりのことをしない。油をたっぷり使いますから、近くに水があると危険です。

3つの約束

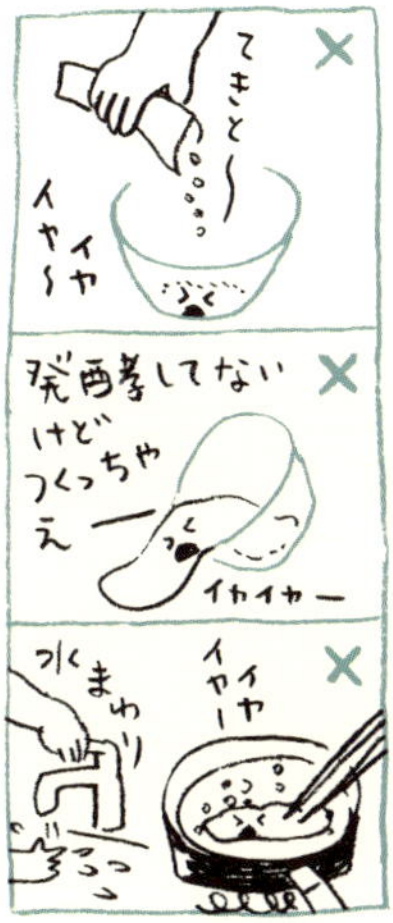
てきと～
イヤ～イヤ
ぷく
発酵してないけどつくっちゃえ
イヤイヤー
水まわり
イヤイヤー

生地の状態

傾けて確かめます

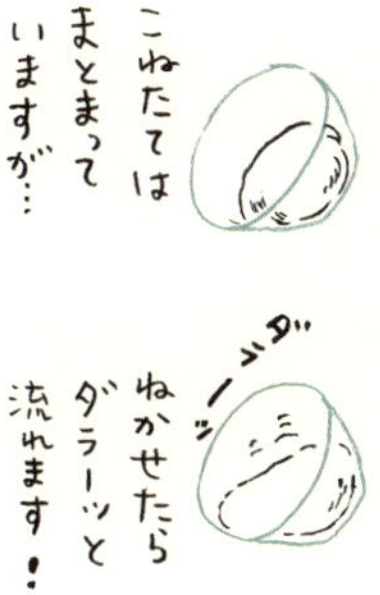
こねたてはまとまっていますが…
ダラーッ
ねかせたらダラーッと流れます！

成形するときは打ち粉は使いません。揚げるときに油を汚します。代わりに油をたっぷり台にぬり、手にも油をぬります。油はケチケチしないで。油が足りないと、揚げるときに生地が手にくっついて離れなくなりますから、危ないです。

手のひらにたっぷりつければいいんです。手の甲までつけたらハンドクリームですよ
ぬりぬり

油条

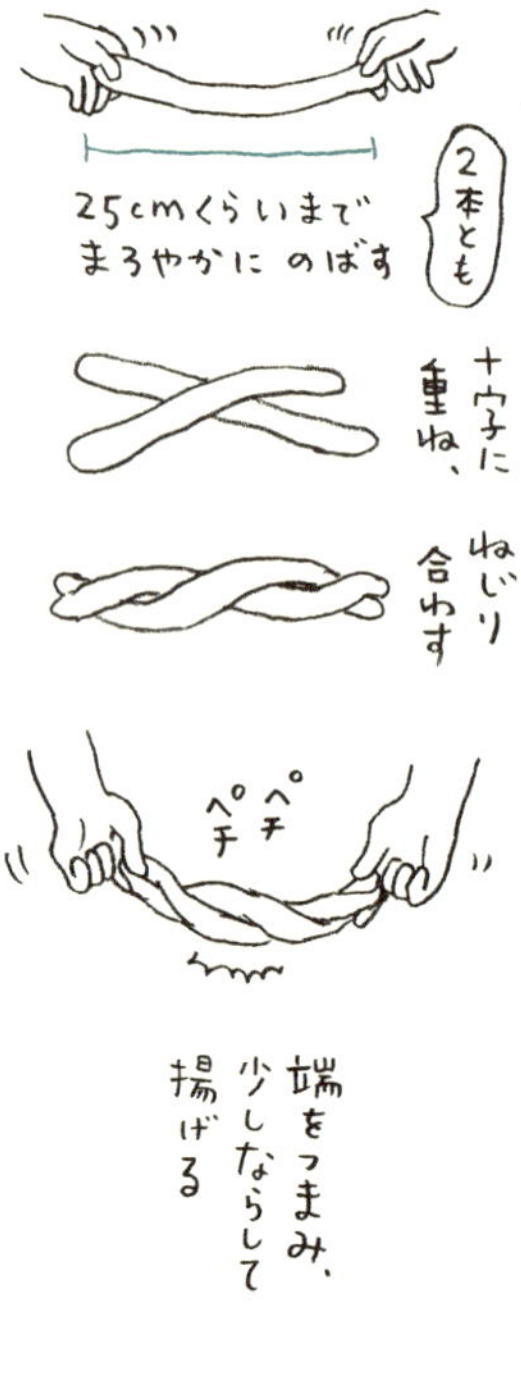
2本とも
25cmくらいまでまろやかにのばす
十字に重ね、
ねじり合わす
ペチペチ
端をつまみ、少しならして揚げる

3本（3枚）作りますので、生地を3分の1に切り分けて成形します。油条はさらに半分に切り、それぞれ棒状にのばしてねじります。油餅は麺台の上で手で平らにのばします。

この生地はコシがとても強く、つい力を入れてしまいがちですが、そうすると後でふくらみません。指先をやさしくすべらすように、まろやかにのばし、170~180℃の油で、おいしそうなきつね色になるまで両面を揚げます。

これは冷めたらおいしさが半減ですから、揚げたてのうちに食べるのがおすすめです。そのままでも、熱い豆乳や粥にのせても、好きな方法でお試しください。

日本では自分で作るしかこ

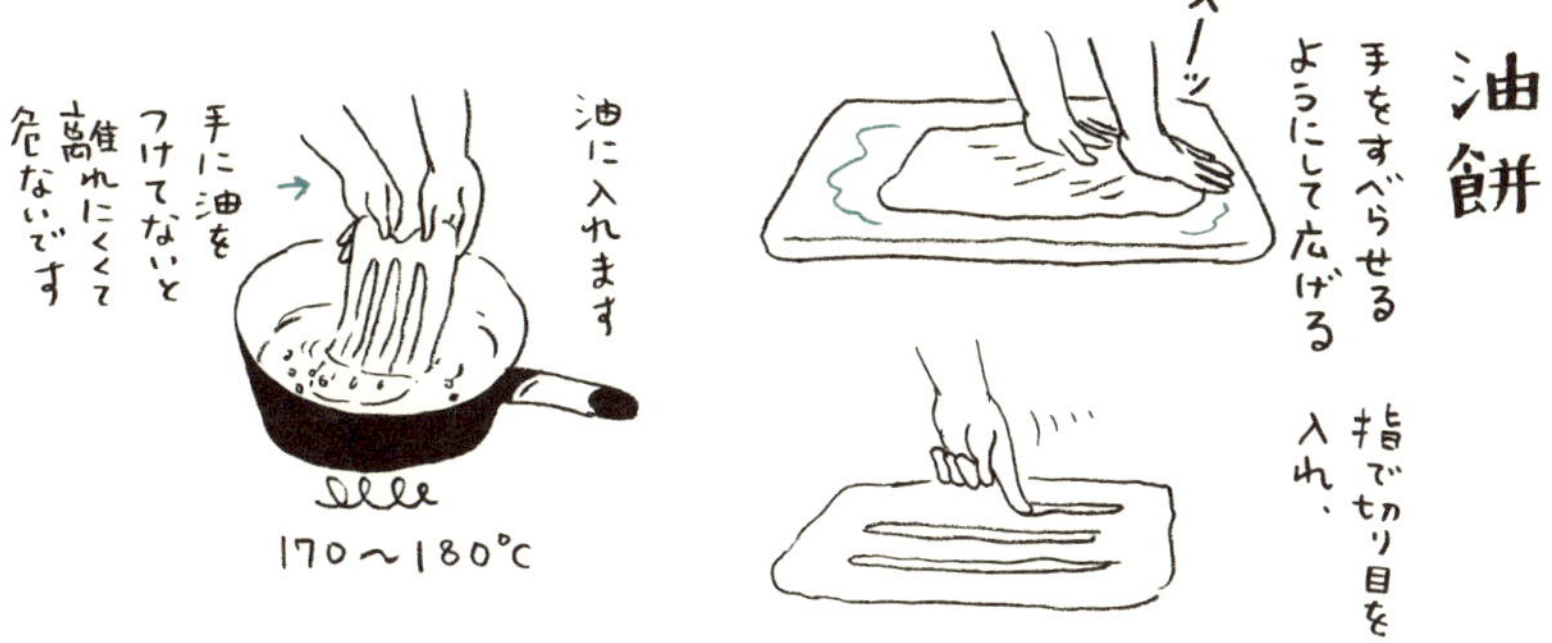
油餅
手をすべらせるようにして広げる
スーッ
指で切り目を入れ、
油に入れます
手に油をつけてないと離れにくくて危ないです
170〜180°C

のおいしさはなかなか味わえませんが、中国では買って食べるのが普通です。私の母もいつも朝早く買いに行っていました。おいしいほうがいいからと2回に分けて買いに出かけていたのですが、主人が不思議がっていたものです。一度に買ってくれれば楽なのに

そのまま
または
豆乳やお粥と一緒に
おかわり
これなら太ってもいいです

って。でも食べてみればその理由も納得。新しい油で揚げた油条と、よーく煮立った豆乳の組み合わせは、やみつきになること間違いありません。

1 油条は朝一番に
つまり油が新しいうちに
2 豆乳は遅めに
つまりよく煮立ってから
ウーの母
これがほんとのくいしんぼう
おいしいものを手に入れるには2度買いに行くのがいちばん!!

中国の食卓

中国の食卓で箸同様に欠かせないのがれんげです。日本ではラーメンを食べるときぐらいですが、中国人は毎日必ず使います。スープをいただくときはもちろん、汁の多いおかずを取るときには、ひとつの皿がわりとしても使います。

中国の食事のマナーでは皿を持ってはいけないとされているため、れんげを上手に使うことで、美しく料理をいただけるのです。

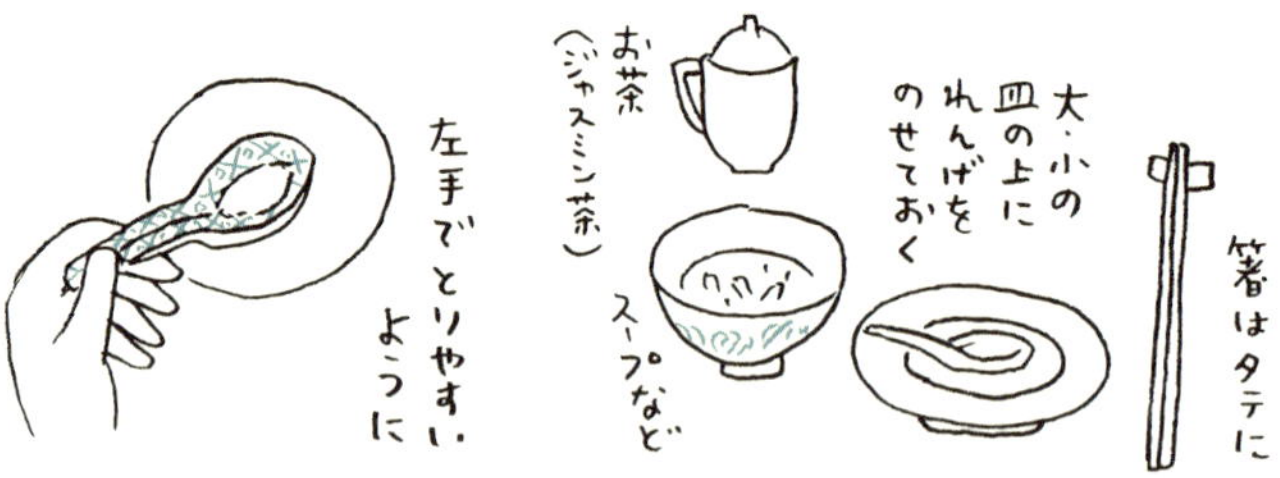

箸はタテに
大・小の皿の上にれんげをのせておく
お茶（ジャスミン茶）
スープなど
左手でとりやすいように

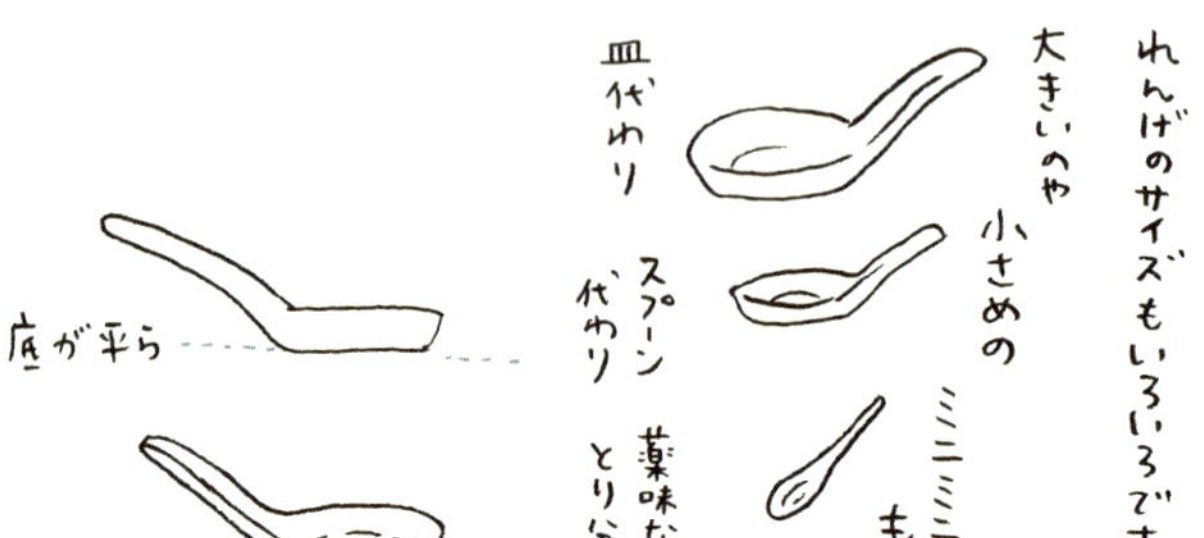

れんげのサイズもいろいろです
大きいのや
小さめの
ミニミニも
皿代わり
スプーン代わり
薬味などをとり分けるのに
底が平ら

焼麦の章

10 焼麦

shāo mai

焼売《シューマイ》と焼麦《シャオマイ》

シューマイは中国語では「シャオマイ」と発音し、小麦粉の皮であんを包んで蒸したものをさします。日本のみなさんには、「焼麦」より「焼売」と書くほうがおなじみですね。その語源をさかのぼると、昔は「梢麦」と書かれました。梢麦とは麦の穂のこと。小麦粉の皮で包んだ形が麦の穂に似ていたから、そう呼んだと言われています。やがて「梢」に「焼」があてられるようになり、また麦に売があてられるようになりました。

焼麦というと何となく南方の広東料理を思い浮かべるかもしれませんが、もともとは北京にも今も隆盛を誇っている「都一処《といっどころ》焼麦店《しゅうまいてん》」というお店がはじまりです。清時代の第六代皇帝、乾隆帝《けんりゅうてい》のころ、当時たいそう流行っていたこの店の焼麦を食べた皇帝が、そのおいしさに感激して「都一処」、都でたった1か所という店名を贈ったという話は有名です。それがやがて南の飲茶などにも応用され、今は南方で食べられるほうが多いくらいになりました。

おむすびがわりに

焼麦は「おかず」の一つとして、ごはんと食べるイメージが強いと思います。焼麦の中身も、豚肉のひき肉と決まっていますね。しかし中国では、とてもバリエーション豊富で、焼麦だけで献立ができてしまうくらい。魚介だけの焼麦、ごはんだけの焼麦、野菜だけの焼麦、肉だけの焼麦というのがあって、日本のおむすびのように「主食＋おかず」の役割となっています。

ごはんだけの焼麦なんて、想像できませんか？　わかりやすくいうと「おむすび」のようなものと想像してみてください。日本のお米は粘りがありますので、ギュッとにぎるだけでまとまりますが、中国のお米は粘りがありませんので、きびや粟、もちきび、もち粟などを混ぜて炊きます。そうすることで、つなぎの役目をもたせ、食べたときにぼそぼそになりません。さらに海苔《のり》の代わりに、小麦粉の皮で包んでいるのです。私は、子どもたちの運動会のお弁当に、この焼麦をたくさん作って持っていきます。するといつのまにか人だかりができて、あっという間に売り切れごめん！　おかげでウーはいつもお弁当を食べそびれてしまうんですよ。

日本では、どちらかというと、焼麦より餃子のほうが一般的ですね。でも小麦粉料理にまだ慣れていない方にとっては、餃子より簡単に作れます。餃子はきちんと成形しないと、ゆでたときに中身がはみ出したりしてしまいますが、焼麦は蒸しますので、多少かたちがいびつでもちゃんとおいしく蒸し上がります。すぐにできますから、ぜひ気軽に作ってみてください。ご家庭で3回ぐらい練習していただければ、すぐに人前に出せるものになります。焼麦の美しい成形は、作っていてもとても楽しいことと思います。

焼麦のできるまで

生地を作る（18～19、30頁）← あんを作る（31頁）★ ← 成形する（20、32頁）★ ← 蒸す

焼麦のひけつ

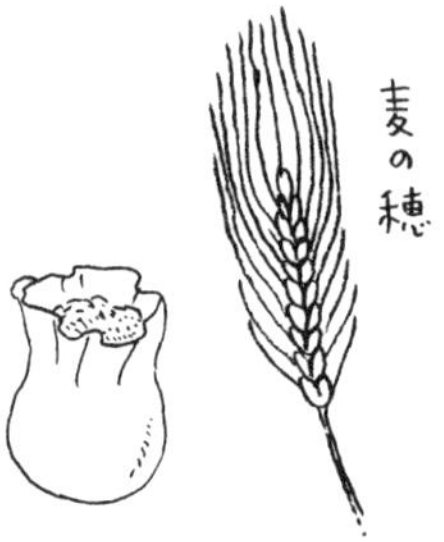
麦の穂

焼麦《シャオマイ》は密閉しなくていいぶん、初心者には餃子より簡単。麦の穂をイメージしながら美しいひだを作りましょう。ここで紹介するのは、日本でもポピュラーな豚肉焼麦と二種類のお米を使った二米焼麦。焼麦は、餃子と同じように主食とおかずを兼ねますから、具は豚肉焼麦のようにたんぱく質＋野菜のほか、米＋たんぱく質という組み合わせも普通です。焼麦屋に行けば、焼麦だけで献立ができてしまうくらいバリエーションは豊富です。

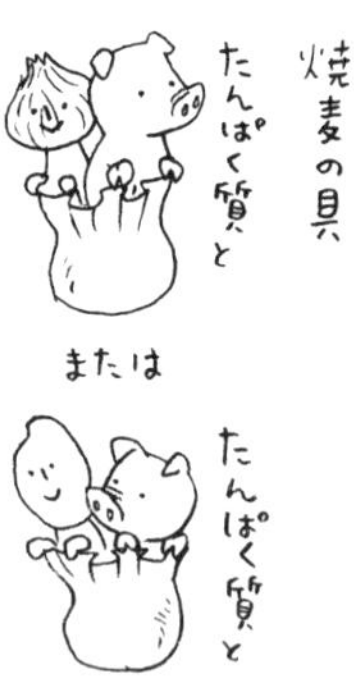
焼麦の具
たんぱく質と
野菜
または
たんぱく質と
米

豚肉焼麦のあんは、材料表の記載順に一つずつ加えてそのつど混ぜます。（あんの作り

日本のおむすびは
米をだんごにして
のりでくるみますが、
小麦粉の皮でくるんだ
のが二米焼麦です
だから
手で
いいのッ

いただき
まーす
手で
食べてるー

焼麦

■材料（24個分）

皮（豚肉焼麦 直径8cm、二米焼麦 直径10cm）
- 薄力粉 100g
- 熱湯 70ml

あん（豚肉焼麦）
- 豚ひき肉
  - こしょう、酒、しょうが（みじん切り）、しょうゆ、オイスターソース、片栗粉、卵白、ごま油
- たまねぎ（粗みじん切り）
- 芝えび（あれば）

あん（二米焼麦＊）
- 米、きび
- サラミ（角切り）
- グリンピース（塩ゆで）

方→31頁）味つけの決め手は、カキのエキスが凝縮された中国独特の調味料、オイスターソース。ほんの少し使うと、味に深みが出てぐっとおいしくなります。魚介を発酵させて作る調味料は、高温多湿のアジアならではのもの。秋田のしょっつる、ベトナムのニョクマム、タイのナンプラー、みんな魚介で作られたものですね。たくさん使うとくどいですから、かくし味程度で十分です。

＊米ときびを合わせて塩、酒を加えて炊き、サラミとグリンピースを混ぜる。

アジ
カタクチイワシ
ハタハタ
カキ
しょっつる
ナンプラー
ニョクマム
魚醤油
オイスターソース
アジアモンスーン気候の賜物

そして、ウーの母直伝の秘密兵器登場！　それは卵白と片栗粉です。ひき肉は加熱すると水分と油分が外に出てポソポソになりますから、ふんわりとなめらかにするために入れるのです。

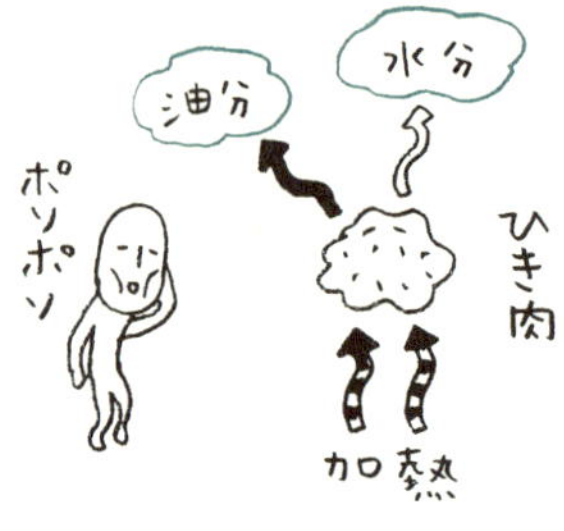
水分
油分
ポソポソ
ひき肉
加熱

卵白
片栗粉
ふんわり
ひき肉

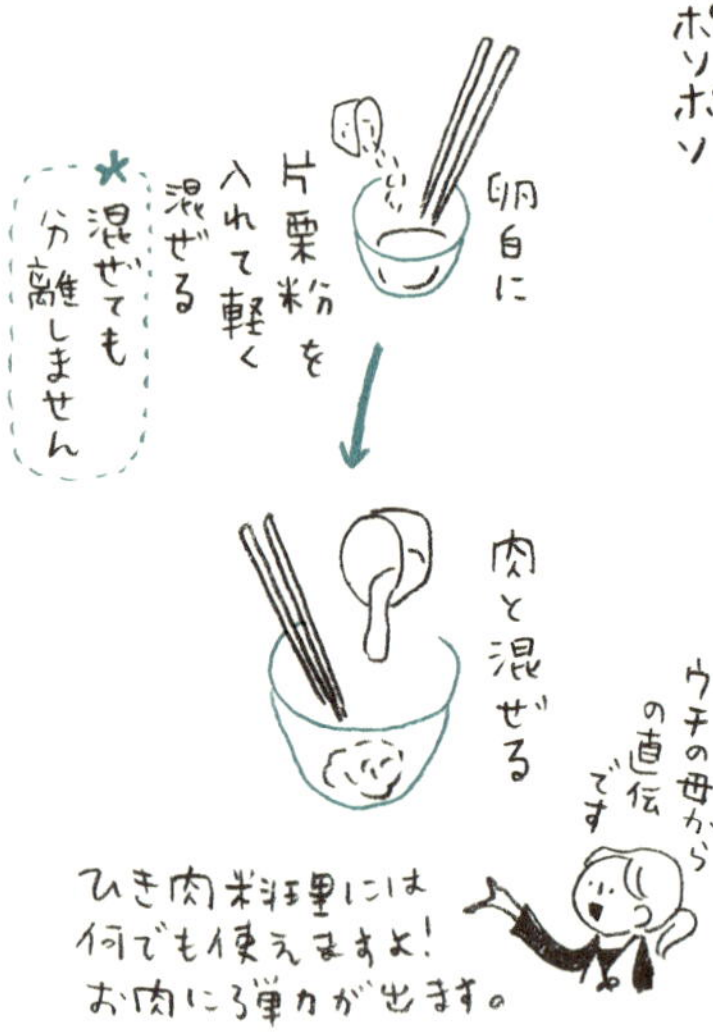
卵白に片栗粉を入れて軽く混ぜる
＊混ぜても分離しません
肉と混ぜる
ウチの母からの直伝です
ひき肉料理には何でも使えますよ！
お肉に弾力が出ます。

焼麦の皮は、薄いほうが絶対おいしい！　それに薄いとヒダもきれいにできます。難しいと思われるでしょうが、熱湯を使った生地は縮みにくいため皮をのばしやすいです。15分ねかせて完全に冷ました生地を麺台でよくこね、個数分に切り分けます。（生地の作り方→18〜19、30頁／成形→20、32頁）丸くのばしたら、左右の手をうまく使って、包みます。

強火で15分蒸せばできあがり。そのまま何もつけずにいただきます。

わが家では、焼麦が余ることはめったにありませんが、もしたくさん作りすぎたら、蒸した状態で冷凍し、解凍しないでそのまま蒸せばおいしくいただけます。

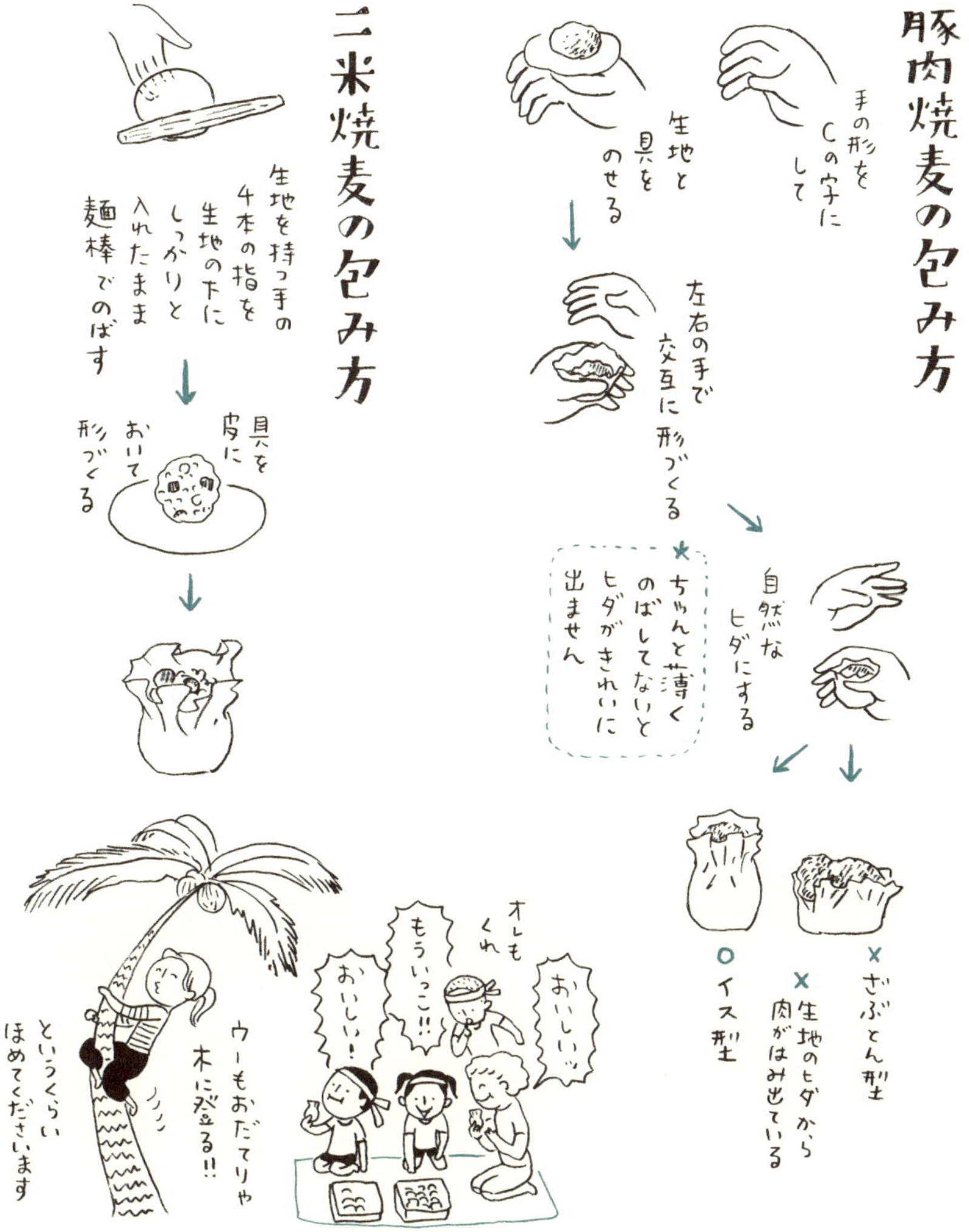
豚肉焼麦の包み方
手の形をCの字にして
生地と具をのせる
左右の手で交互に形づくる
自然なヒダにする
★ちゃんと薄くのばしてないとヒダがきれいに出ません
× ざぶとん型
× 生地のヒダから肉がはみ出ている
○ イス型
二米焼麦の包み方
生地を持つ手の4本の指を生地の下にしっかりと入れたまま麺棒でのばす
具を皮において形づくる
おいしい…
オレもくれ
もういっこ!!
おいしい!
ウーもおだてりゃ木に登る!!
というくらいほめてくださいます

ジャスミン茶

サロンでは、試食のときはいつもジャスミン茶をお出ししています。

　中国では、日本のように生水をそのまま飲む習慣はありませんので、お茶をよく飲みます。特に北京は内陸で乾燥していますから、水分を補給するために、1日に何杯もお茶を飲みます。

　中でもジャスミン茶はスタンダード。北京はもともと砂漠にできた都です。長く寒い冬を乗り越えるために、北京の人びとは、せめて家の中でジャスミンの花の香りを楽しむのです。

　ジャスミン茶を淹《い》れるときは、カップに7〜8球で十分。お湯を足せば何煎も出ますから、経済的にもやさしいお茶なんですよ。

お湯を注ぐと
茶葉が開く

口をすぼめて茶こし代わり

麺の章

11 担々麺

dàn dàn miàn

担いで売った担々麺

担々麺《タンタンミェン》は、日本の方にもおなじみですから、日本の中国料理店のメニューにもよく載っています。でも、たまに見かけるのが、「汁なし担々麺」の文字。初めてそれを見たときは、とても驚きました。担々麺に汁がない!? そんなのはあたりまえです!

なぜ汁がないかといいますと、担々麺は屋台の料理だからです。四川省の省都（＝首都）、成都《せいと》にはその昔、小吃《シャオチー》（＝軽食）を商う店が多く、種類も豊富でした。なかでも麺類の屋台は多く、簡単な麺道具を天秤棒で担いで街から街を1日中売り歩き、お客さんにその場で作って食べさせていました。おいしい、安い、満腹になる、三拍子そろったこの麺は成都の人々に自然となじみ、いつしか担々麺と呼ばれるようになりました。だから「汁なし」が当たり前なのですよ。汁は担げませんからね。日本の屋台でも、お祭りの夜店などをみると、たこ焼き屋や焼きそば屋が多く、ラーメン屋はあまり見かけません。基本的には水を使わないで、さっと作れるものが屋台料理の特徴です。

美しい都市、四川

盆地に位置する四川は、日本の気候によく似ています。家のまわりに勝手に緑が生い茂り、水と山に囲まれてとても美しいところです。しかし山に囲まれているぶん空気の流れが悪く、夏は最悪！　乾燥する北京とは正反対で、地面がじめじめしていて足元に湿気がこもり、まるで弱火の蒸籠《せいろう》にかけられている感じです。

北京や上海から四川までは飛行機で2時間半。今は四川も大都市になって行きやすくなりましたが、日本からの直行便はありません。山の奥のため、霧や雷がとても多く、飛行機が予定通り飛ばないこともしばしばです。しかし、北京、上海とブームが来ましたから、次は四川が来ると私は思っています。

大地が豊かな四川は水と食べ物が大変おいしいです。大豆やそら豆などの豆類が豊富ですし、高温多湿で菌が繁殖しやすいですので、発酵食品が特においしいです。大豆の発酵食品の代表、豆腐もとてもおいしいですし、中国の香辛料で有名な豆板醤《ドウバンジャン》は、そら豆から作ります。湿度と暑さに負けないために、新陳代謝をよくするような食べ物が発達するんですね。中でも、発汗作用のある辛い味が栄えていきました。担々麺と並んで四川の名物料理に麻婆豆腐《マーボードウフ》があるのも、風土が関係しているというわけです。

唐辛子でデトックス

その四川の料理の辛味に欠かせないのは唐辛子です。日本にも唐辛子はありますが、とっても辛い！　うまみと香ばしさよりも、ひたすら「辛味」を感じます。唐辛子は本来、辛味のある「野菜」です。種類もとてもたくさんあって、中国や韓国では、数種類を組み合わせて使います。特に四川では、本当にたくさんの種類の唐辛子が売られています。甘い唐辛子だってあるんですよ。

唐辛子は刺激が強いから、食べるとかえってよくないと思う方もいらっしゃるかもしれません。しかし唐辛子には発汗作用があり、体をきれいにするデトックス効果に優れています。ホルモンの働きを活発にさせますから、中国では漢方としても使われたりするぐらいです。肌にいい成分も含まれているようで、四川の人はみんな女の人だけでなく男の人まで、びっくりするぐらい肌がつるつるです。

夏にはぜひ本場四川の担々麺で、ひと汗かいてさっぱりしてください。

担々麺のできるまで
生地を作る（18〜19、30頁）← タレを作る★ ← 麺を作る★ ← ゆでる

担々麺のひけつ

中国の麺には、やわらかい麺とかたい麺があります。日本のラーメンのように汁といただく麺もありますが、それよりもタレをからめて食べる麺が多いです。タレが主役の考え方ですので、いちばんおいしくタレを食べるために、麺の作り方を変えていきます。

こうして
担いで
売り
歩く。
だから
担々麺！

担々麺《タンタンミェン》は屋台で売り歩くものだから、持ち運びやすいタレで食べます。器に唐辛子のタレをしいて、上から麺をのせてからめます。

量はお好みで
①タレ
②ゆでた麺
③トッピング
万能ねぎ
豚肉
市販の麺では稲庭うどんがおすすめです
そういえばうどんっぽい！

おいしさの決め手はラー油。家で簡単に作れます。ひけつは唐辛子粉に水を加えること。粉だけの状態で油に入れると一瞬で焦げてしまいますが、水を加えることで焦げ防止になります。水分をとばしなが

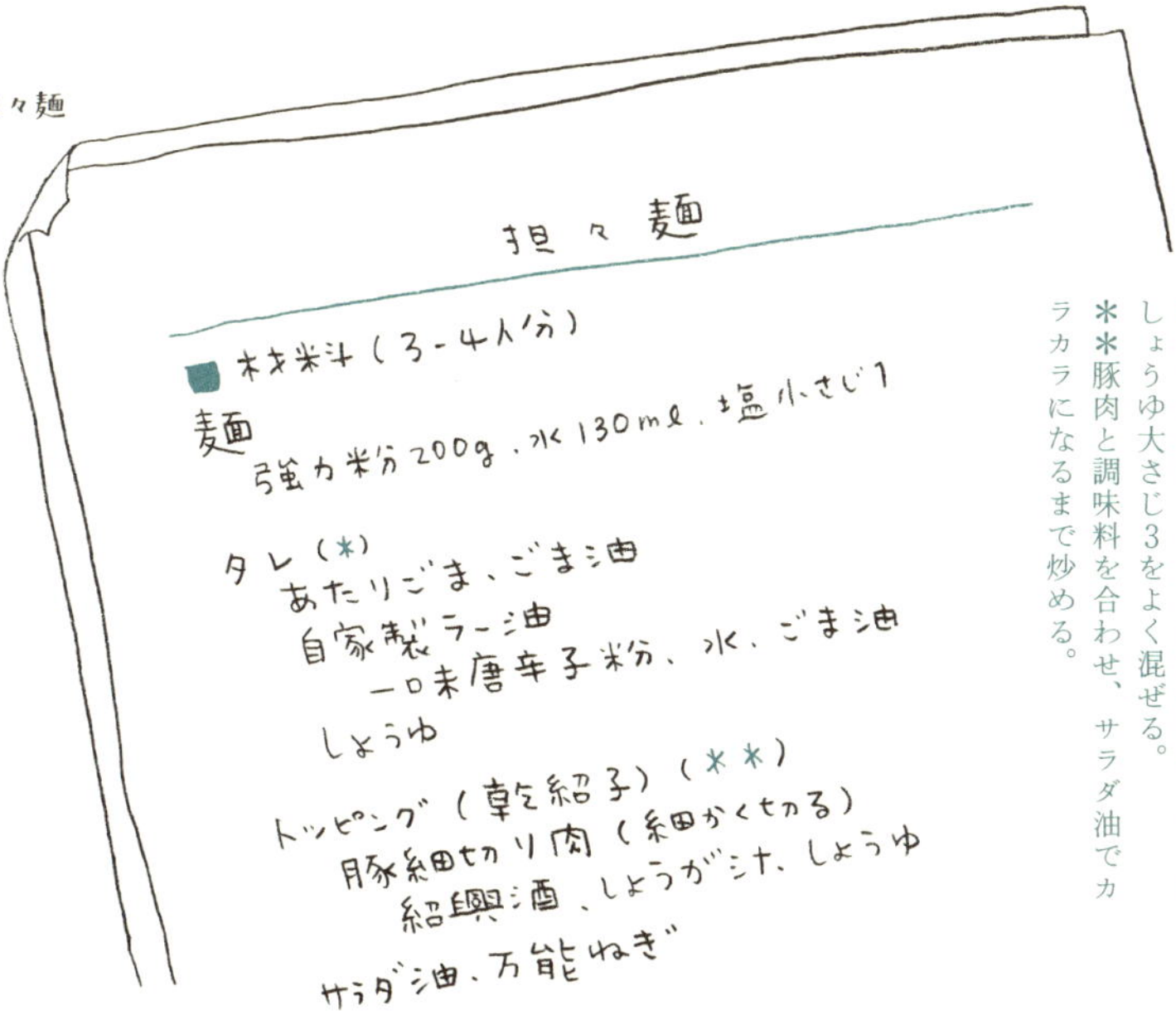
担々麺
材料（3-4人分）
麺
強力粉200g、水130ml、塩小さじ1
タレ（＊）
あたりごま、ごま油
自家製ラー油
一味唐辛子粉、水、ごま油
しょうゆ
トッピング（乾紹子）（＊＊）
豚細切り肉（細かく切る）
紹興酒、しょうが汁、しょうゆ
サラダ油、万能ねぎ

＊ごま大さじ2、ごま油大さじ½、ラー油、しょうゆ大さじ3をよく混ぜる。
＊＊豚肉と調味料を合わせ、サラダ油でカラカラになるまで炒める。

ら香りを引き出し、さらさらのラー油ができ上がります。

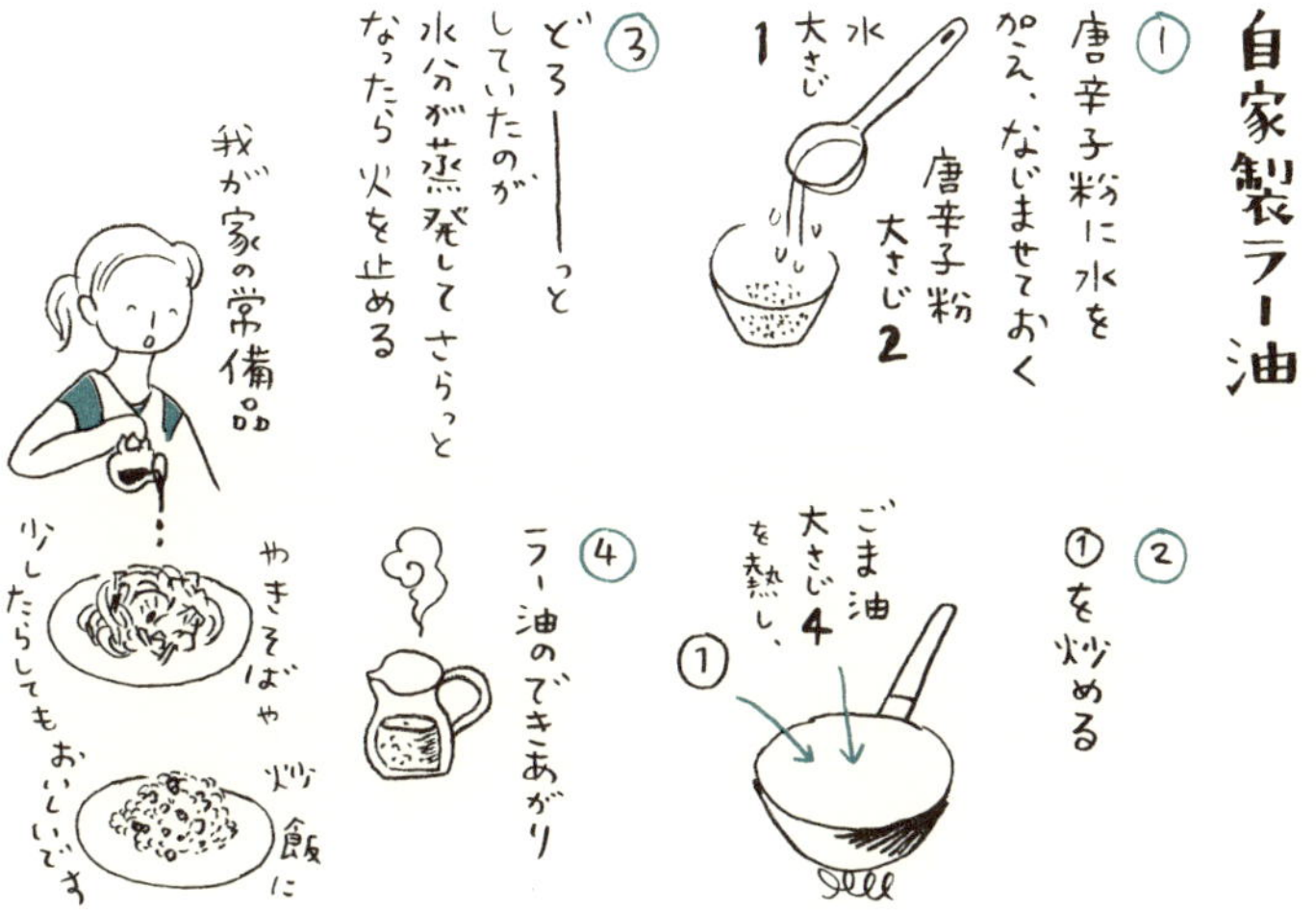
自家製ラー油
① 唐辛子粉に水を加え、なじませておく
唐辛子粉 大さじ2
水 大さじ1
② ①を炒める
ごま油大さじ4を熱し、
①
③ どろーっとしていたのが水分が蒸発してさらっとなったら火を止める
④ ラー油のできあがり
我が家の常備品
やきそばや炒飯に少したらしてもおいしいです

麺の表面がツルンとしているとうまくタレがからみませんので、麺を切らずにのばして作ります。そうすると均等にタレがからまります。また、生地がかたいとのばすときに切れやすいですから、生地はやわらかいことが大事。塩を加えるとコシが出てしまうので、防腐のためにほんの少し入れる程度です。（生地の作り方↓18～19、30頁）生地を1時間ねかせたら、長方形にのばします。

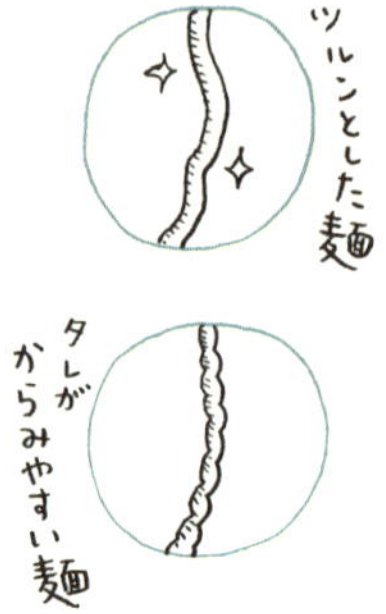
ツルンとした麺
タレがからみやすい麺

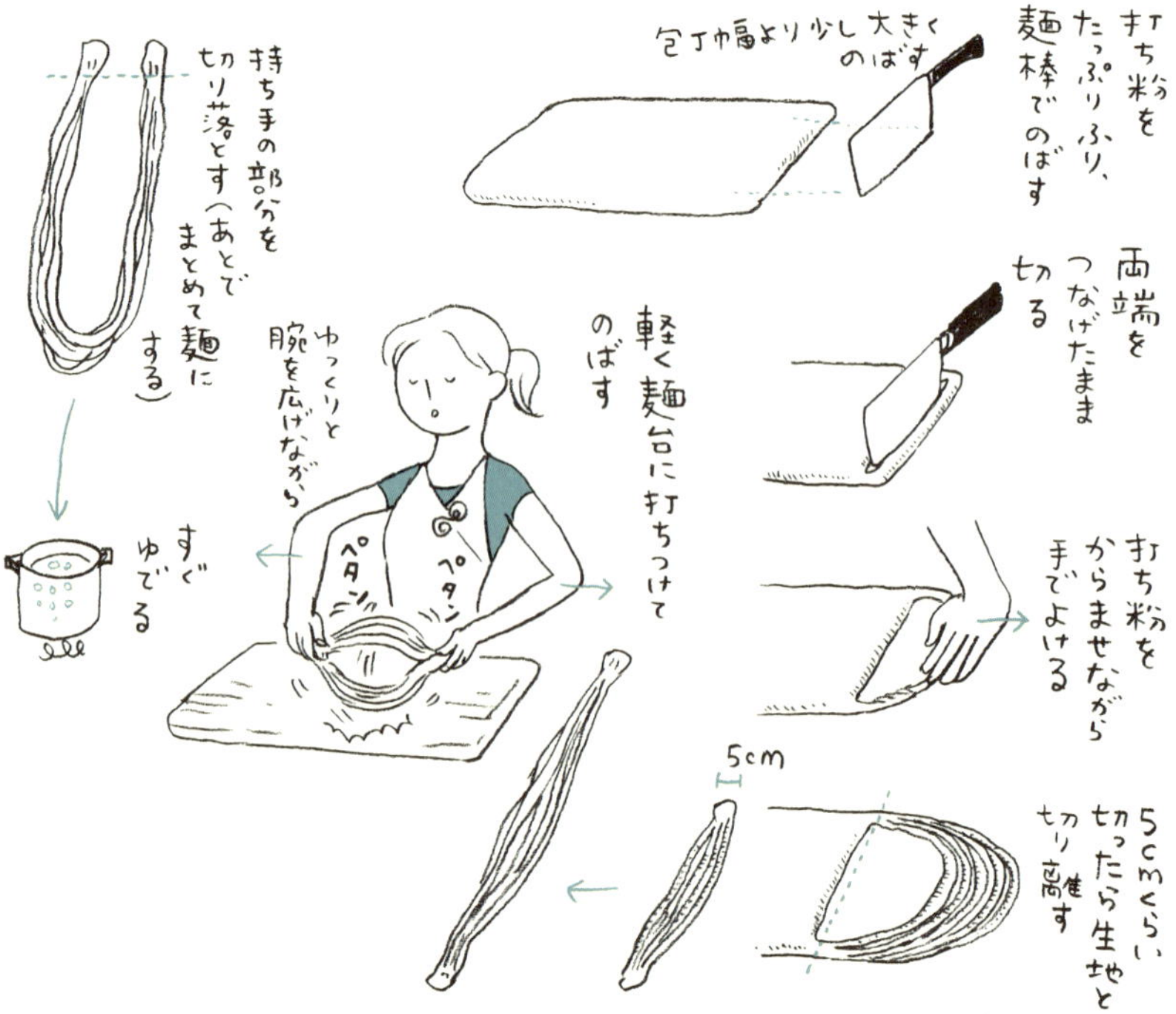
打ち粉をたっぷりふり、麺棒でのばす
包丁幅より少し大きくのばす
両端をつなげたまま切る
打ち粉をからませながら手でよける
5cmくらい切ったら生地と切り離す
5cm
軽く麺台に打ちつけてのばす
ゆっくりと腕を広げながら
ペタン
ペタン
持ち手の部分を切り落とす（あとでまとめて麺にする）
すぐゆでる

沸騰した湯で2、3分、麺が透き通るまでゆでたら器に盛り、箸でよーくかき混ぜてお召し上がりください。楽しくおいしく食べるためには、麺をすすらないようご注意を。辛くてむせてしまいます。

日本のラーメンはツルツルしてつゆがからみませんから、つゆと麺が一緒に口に入るようズズーッとすするのでしょうね。中国ではもともと麺をすすって食べる習慣がありませんので、箸で口に運んでいただきます。

食べるところ
まで屋台風に
しなくていいん
ですよ！
座ってください

中国では音を立てて
食べないので
すすりません。
ぱく
辛いものを
すすると
ずる
ずる
ずる
空気と
一緒に
辛いものが
気管に入り、
えほ
えほ
えほ
えほ
むせます。
かなり。
先生、
日本の
おそばや
うどんは…
すすりません
（すすれません）
えー！！

12 炸醤麺

北京のふるさとの味

zhá jiàng miàn

中国にはそれぞれの地方によって、名物の麺があります。たとえば四川省の担々麺《タンタンミエン》、山西省の刀削麺《ダアショウミエン》、広東省の米粉《ビーフン》などです。そして北京の名物といえば、炸醤麺《ジャージャンミエン》。北京でとても一般的な食べ物で、知らない人はいない、ふるさとの味です。中国の店ではよく、「老北《ロウベイ》京《ジン》炸醤麺《ジャージャンミエン》」として売られています。ゆでたての手打ちうどんの上に肉みそをかけ、その上に季節の野菜をトッピングして、ビビンバのようによく混ぜていただきます。安くて気軽な料理で、日本でいうと、どんぶりものみたいな感覚かもしれません。どちらかというと

夏によく食べますので、麺を冷たくして、きゅうりや枝豆などの夏野菜を具にします。冬の場合は、温かい麺に温野菜をのせてもおいしくいただけます。

「炸醤《ジャージャン》」は、肉みそのことですが、これは必ずしも炸醤麺にしなくても、いろいろと応用がききます。たとえば、いんげんの炒め物を作るときに加えたり、みそスープにしたり、肉とみそを炒め揚げるだけですので、ちょっと多めに作って冷蔵庫に入れておくと便利な一品です。

中国も、みそを使った料理がとても多いです。豆板醤《ドウバンジャン》や甜麺醤《テンメンジャン》（甘みそ）など、どの家庭でも煮たり炒めたり、ふだんの料理に使います。みそをいただくときは、加熱して使うのが普通。生のまま食べるのは、春餅《チュンビン》のときに使う甜麺醤ぐらいでしょうか。発酵食品全般にいえますが、火を十分に通すことでコクを出します。火を通す方法も、より高温になるようにゆでるより油で調理するのが一般的。１００度以上の高温で加熱することで、一瞬の味の変化を求めるのです。中国のみそにつぶつぶがなく、やわらかくとろりとしているのも、加熱をするという前提があるからなんですね。水分をたっぷり含んでいないと、調理したときに蒸発して、カラカラに乾いてしまいますから。今日ご紹介する肉みそは、日本のみそを使いますので、なめらかにするために水と甜麺醤を加えます。

日本の麺、中国の麺

最近では中国のスーパーでも手作り麺がたくさん売られるようになりました。「5ミリでお願いします」「3ミリにしてください」などと好みの太さで買えますから、家で麺を作らない人も増えています。ただ、炸醤麺は麺がおいしくないと絶対だめ。日本の市販のうどんでも代用できますが、麺の表面がつるつるしているぶん、肉みそのからまりがよくありません。それに、日本の麺は麺つゆにつけて食べるため、麺自体に塩分が多く含まれていて、肉みそと合わせて食べるとしょっぱくてたくさん食べることができません。

ぜひ手作り麺をお試しいただけたらと思います。

炸醤麺のできるまで

生地を作る（18〜19、30頁）★ ← 肉みそを作る★ ← 麺を作る★ ← ゆでる

炸醤麺のひけつ

炸醤麺《ジャージャンミェン》は北京でとてもよく食べられている麺です。街角でもよく売られていますし、家庭でもよく作ります。

「炸醤」の「炸」は「揚げる」という意味。肉と合わせたみそを揚げるようにして炒めます。ご紹介するのは、プレーンのものと納豆入りの2種類。納豆入りは、みその風味とよく合ってとってもおいしいと評判です。

　みそはどんなものでもかまいませんが、必ず水を加えてやわらかくします。この水は、焦げるのを防ぐという大役を担っています。唐辛子を油で揚げるとすぐに焦げて黒くなってしまうのに、しし唐辛子がすぐに焦げないのは、しし唐辛子には水分があるから、という理屈と同じです。

　麺は水分をできるだけ少なくかたくするほうが、肉みそとよく合います。でも肉みその味は濃いので、麺に塩は入れません。

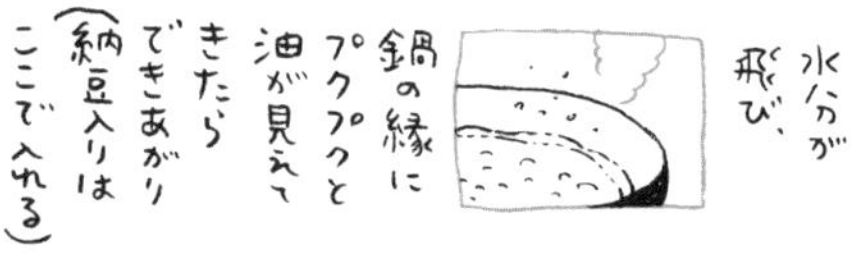

　この生地は、少ない水分をいかに均等に粉となじませるかが大事。そのために、水をいつもより細かく4～5回に

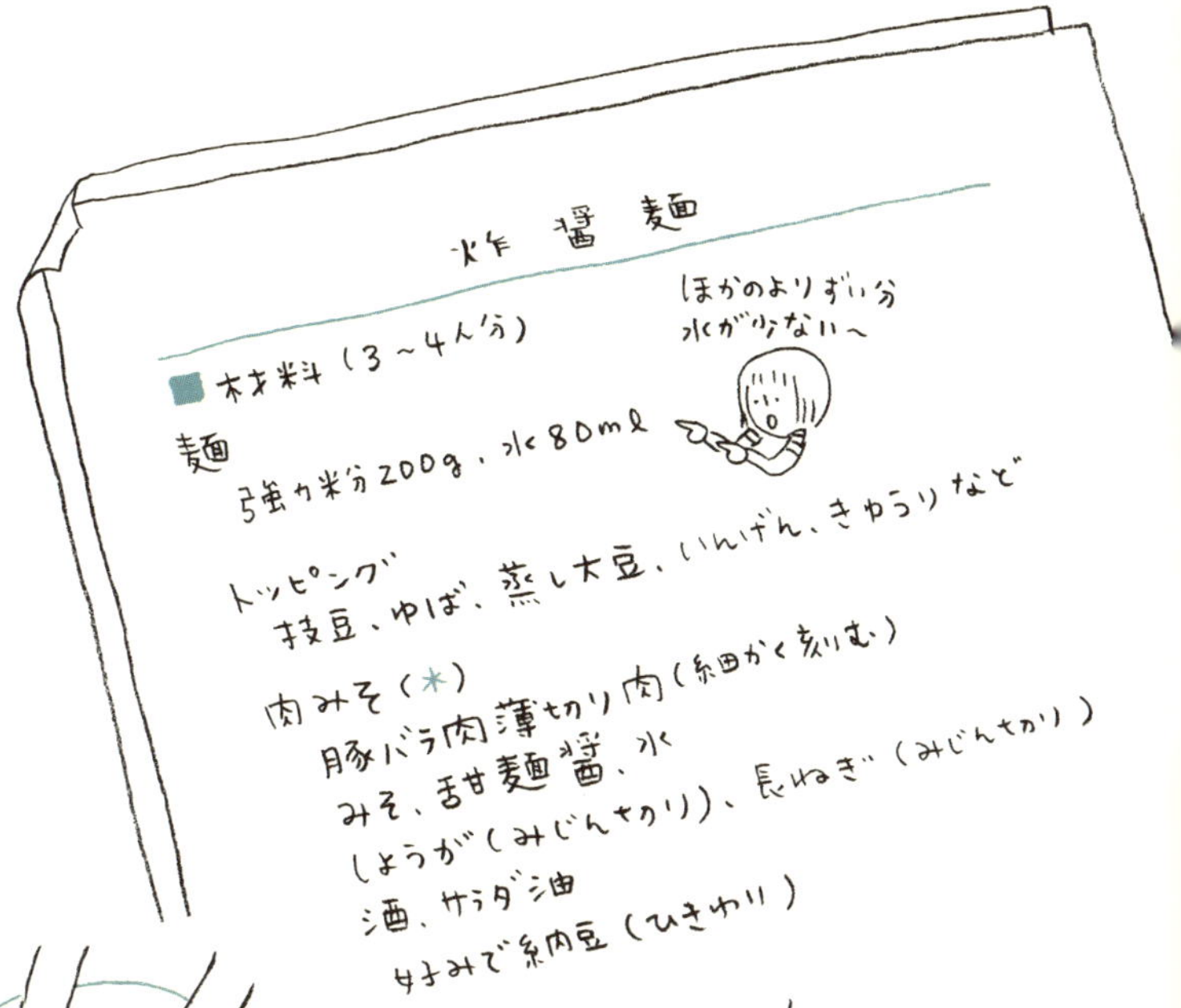
炸醤麺
ほかのよりずい分水が少ない～
材料（3～4人分）
麺
強力粉200g、水80ml
トッピング
枝豆、ゆば、蒸し大豆、いんげん、きゅうりなど
肉みそ（＊）
豚バラ肉薄切り肉（細かく刻む）
みそ、甜麺醤、酒、水
しょうが（みじん切り）、長ねぎ（みじん切り）
酒、サラダ油
好みで納豆（ひきわり）

＊みそに甜麺醤《テンメンジャン》を加え、水で溶いておく。サラダ油を熱して豚肉をよく炒め、しょうが、ねぎを加えて香りが出るまで炒めたら、酒を加える。みそを加えて5、6分、水分が飛んで鍋の縁にプクプクと油が見えてきたらでき上がり。

指をバラバラと動かしながら
まとまるまで

1杯で主食、野菜、たんぱく質がとれる。
やっほー
どんぶりものですな

1回1回たしかな力を入れてこねる
ぎゅっ
急ぐ必要は全くないです

分けて加え、指をバラバラと動かしながら力を入れずに時間をかけて混ぜていきます。

　全体がしっとりまとまってきたら、ボウルのカーブを使って、1回1回たしかな力を入れてこねていきます。ここではいつもほどなめらかにならなくても、中を割ってみて粉っぽくなければ大丈夫。1時間ほどねかせることで、自然になじんでまとまります。

これはかたい生地ですから、やわらかい担々麺《タンタンミェン》と違って、手でのばそうとするとぶちっと切れてしまいます。そこで、生地を麺棒でのばして切って作ります。さらに、和えやすいように短い麺にします。麺の太さはお好みで。きしめんみたいに太くてもいいですが、細いほうが肉みそはからまりやすいです。

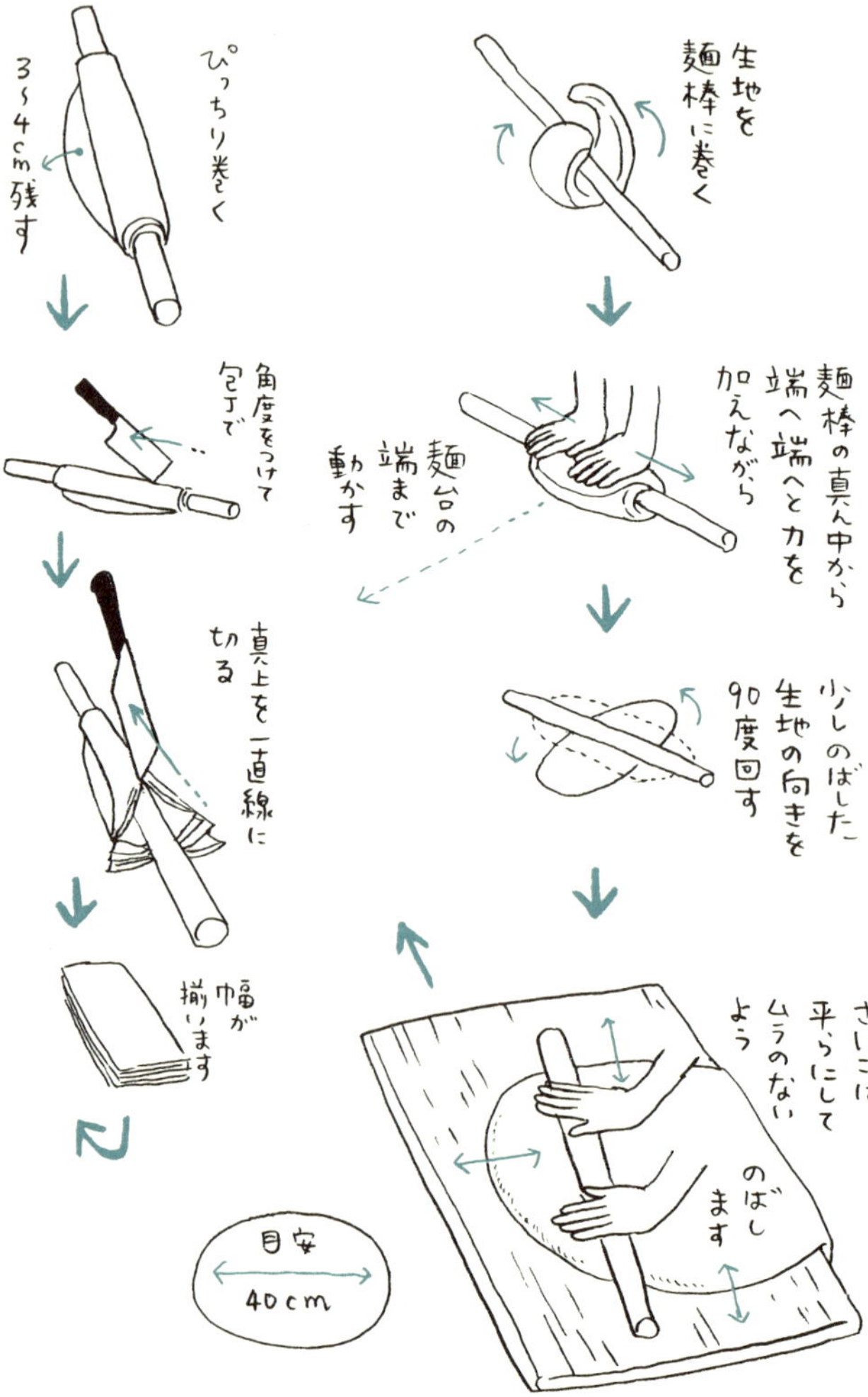

生地を麺棒に巻く
麺棒の真ん中から端へ端へと力を加えながら
麺台の端まで動かす
少しのばした生地の向きを90度回す
さいごは平らにしてムラのないよう
のばします
目安
40cm
ぴっちり巻く
3~4cm残す
角度をつけて包丁で
真上を一直線に切る
幅が揃います

細切りにして
ほぐしながら打ち粉を落とす
ゆでる
1時間乾かし、水分をとばすともっとおいしくなります!!

生の麺はのびやすいですから、ゆでるのは4、5分で十分。水で洗って碗に盛り、肉みそをかけてトッピングを散らします。いろんな野菜をのせてみてください。たんぱく質が足りなければ、大豆製品でトッピングをそろえるのも手ですね。献立にスープを添えるときは、あっさりしたレタススープがよく合います。

ラーメンというより
うどんに近い

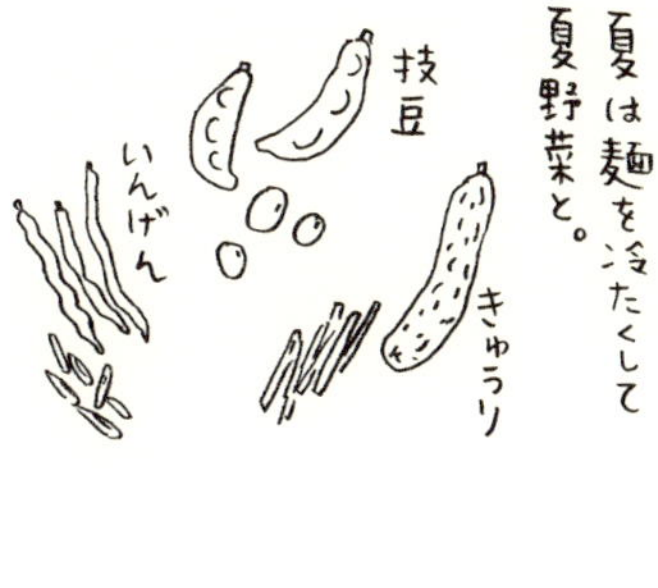
夏は麺を冷たくして夏野菜と。
枝豆
いんげん
きゅうり

どちらかというと夏によく食べる料理です

料理の名前と中国語

中国の料理名を見ると、材料の名前以外に調理法がわかるものが多いのにお気づきですか？ たとえば焼く場合一つとっても、その方法によって表現が違います。

煎 jiān
鍋に油を少し入れて焼く
水煎包（蒸し焼きパン）

烤 kǎo
油を使わないで焼く
北京烤鴨（北京ダック）

焼 shāo
焼く・煮る。火を通す
焼餅、叉焼肉（チャーシュー）

炒 chǎo
炒める
炒飯

炸 zhá
揚げる
炸醤麺

饅頭・包子の章

13 花巻

huā juǎn

ドラマチックな小麦粉料理

小麦粉料理はとってもドラマチック！　形がない粉から始まって、こねて形を作っていきます。こね方はもちろん、水の量や温度、気候など、わずかなことでいろんな表情が見えてきますから、まるで生き物のよう。でも、これは魔法じゃありませんので、コツさえ覚えれば誰でもちゃんと作れるようになります。よく中国人は手先が器用と言われますが、小さいころから粘土がわりに小麦粉をこねてきたせいかもしれませんね。

「花巻《ホアチュアン》」とは、花の形に巻くということではなく、模様巻きになっているということを意味しています。模様のことを中国語で花様《ホアイアン》といいますが、花《ホア》には本来の植物の花の意味のほかに、デザイン、きれいな形のような意味があります。花巻の模様は作る人によってどんな形でもいいのですが、ここで紹介するようにねじってとじる形が一般的です。

体にやさしい小麦粉料理

サロンでは、花巻は蒸し暑い梅雨の時期にご紹介しています。どうしてだと思いますか？　寒いとも暑いともわからない、すっきりしないお天気が続くと、体も気持ちもすっきりしませんね。そういうとき中国では、刺激が少なく胃腸に合ったやさしいものを食べるようにします。それが中国医学の基本的な考え方。日本ではよくばてているときにスタミナ料理を食べますが、中国人にしてみると、とても不思議です。刺激の強い物を食べるには体力を使いますから、体に負担がかかります。1日位食べなくても死にませんよ。おなかがすいたら食べればいいんです。おなかがすくということは、回復してきたというしるしです。

学生時代に胃潰瘍《いかいよう》の友人がいたのですが、いつも蒸しパンを食べていて、ごはんを食べるのを見たことがありませんでした。すごく不思議だったので聞いてみると、医者にお米を食べると胃酸がたくさん出て潰瘍によくないから、小麦粉を食べるように言われていたことがわかりました。中国はあんなにたくさんお粥を食べる国なのに、胃が悪いときはお粥をあまり食べないんですよ。蒸しパンの発酵に使うイースト菌も消化を助ける働きがありますから、とてもやさしい食べ物なんですね。蒸しパンとひと言でいっても、中国では蒸してそのまま食べるだけでなく、トーストしたり、フレンチトーストのように卵につけて揚げたりと、食べ方もいろいろで飽きることがありません。

花巻も、生地にごまペーストをぬって巻く、ピーナッツバターをぬって巻くなど、たくさんのバリエーションがあります。作り方は難しそうに見えて実はとてもやさしいので、数ある小麦粉料理のなかでもぜひマスターしていただきたいものの一つです。

花巻のできるまで

生地を作る（18〜19、75頁）
←一次発酵（133頁）★
←成形する★
←二次発酵（133頁）★
←蒸す

花巻のひけつ

花巻《ホアチュアン》は饅頭《マントウ》、つまり蒸しパンの一種です。日本の饅頭も、元は中国から伝わったもので、小麦粉の皮であんを包んだものをいいますが、饅頭は基本的にはあんは入っていなくて、自分でおかずをはさんでいただきます。饅頭もいろいろな形がありますが、花巻は饅頭をねじったりしてきれいに成形したものをいいます。

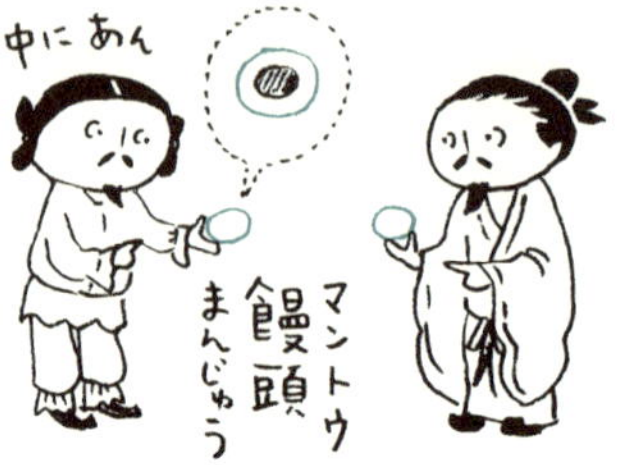
中にあん
饅頭《マントウ》
まんじゅう

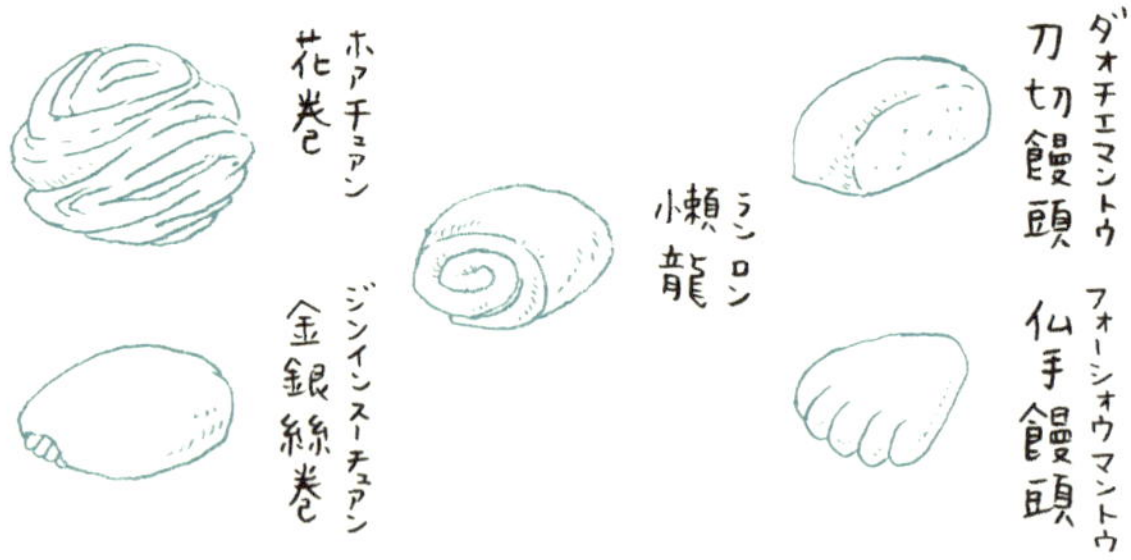
刀切饅頭《ダオチエマントウ》
懶龍《ランロン》
仏手饅頭《フォーショウマントウ》
花巻《ホアチュアン》
金銀絲巻《ジンインスーチュアン》

生地はイーストを使ってふわふわに発酵させます。一年中食べるものですが、夏バテのときや、体が疲れているときなどには特にぴったり。イーストは消化を助ける働きもあるのです。前にもお話ししましたように、発酵生地は冷めてもおいしいですから、おかずと一緒にお弁当に入れても楽しいと思います。

お弁当にも

13 花巻

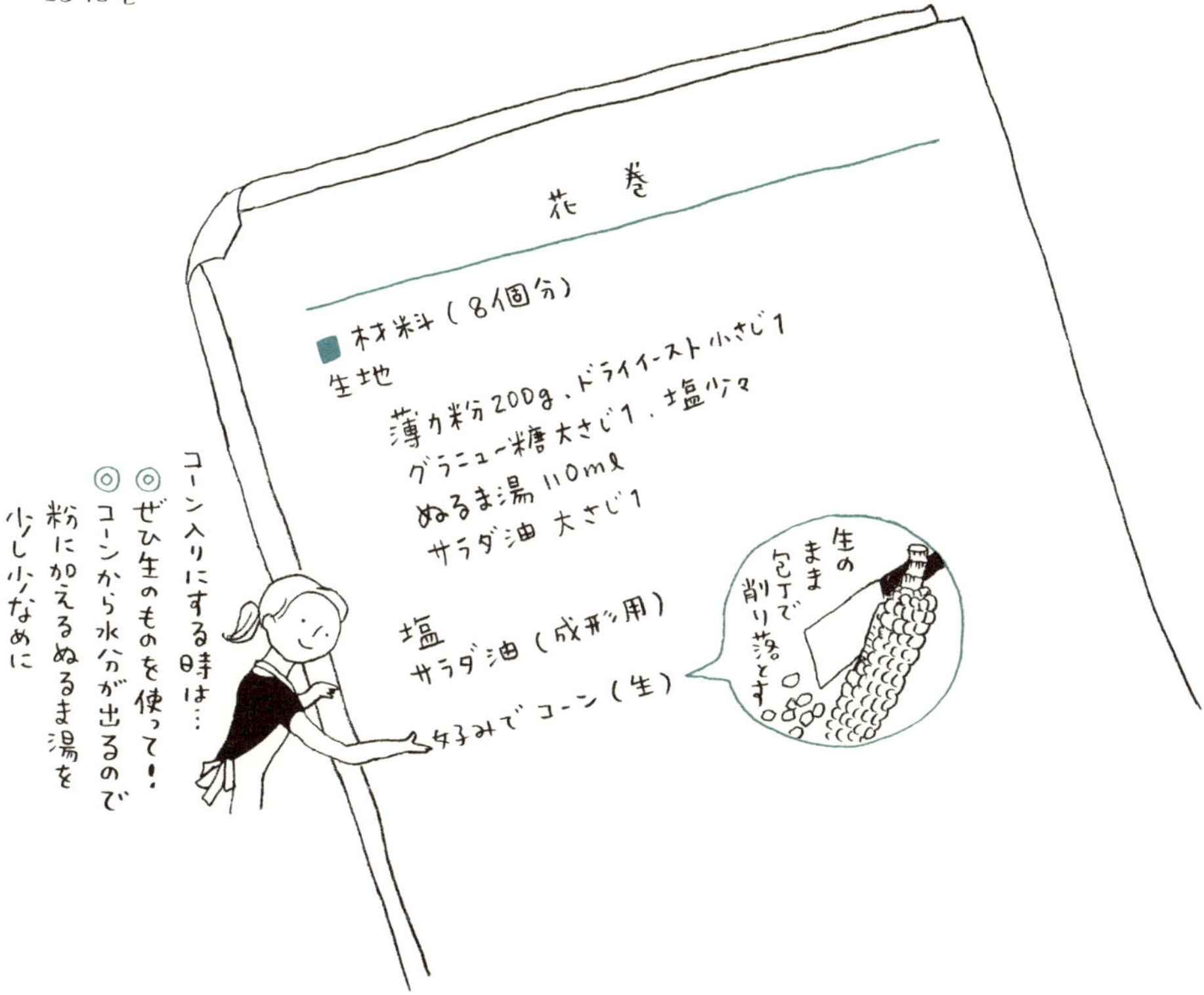
花巻
材料（8個分）
生地
薄力粉200g、ドライイースト小さじ1
グラニュー糖大さじ1、塩少々
ぬるま湯110ml
サラダ油 大さじ1
塩
サラダ油（成形用）
好みでコーン（生）
生のまま包丁で削り落とす。
コーン入りにする時は…
◎ぜひ生のものを使って！
◎コーンから水分が出るので粉に加えるぬるま湯を少し少なめに

発酵する生地はポソポソになりやすいので、なめらかにするために油を加えます。加えるタイミングは手でこねて一つにまとまったら。あとでこねるときに手に油がつきますから、いっそのこと油は手ばかりで入れて、大さじ1の感覚を覚えましょう。こねるほうの手に油を入れてくださいね。コーンもここで加え、ボウルの中でよくこね、生地に油をなじませます。麺台に移し、手のひらを使ってなめらかになるまでよくこねます。

生地がかわいい感じにまとまったら、室温において一次発酵させます。（一次発酵→133頁）

花巻はでき上がりが美しいことが大事。難しそうと思われるかもしれませんが、小麦粉は慣れの料理。作る過程に手間をかけるかかけないかだけの違いです。手を使うことで脳の訓練にもなりますから、どうぞふだんの食卓に取り入れてみてください。

　でき上がりのサイズを揃えるコツは、最初にきちんと長

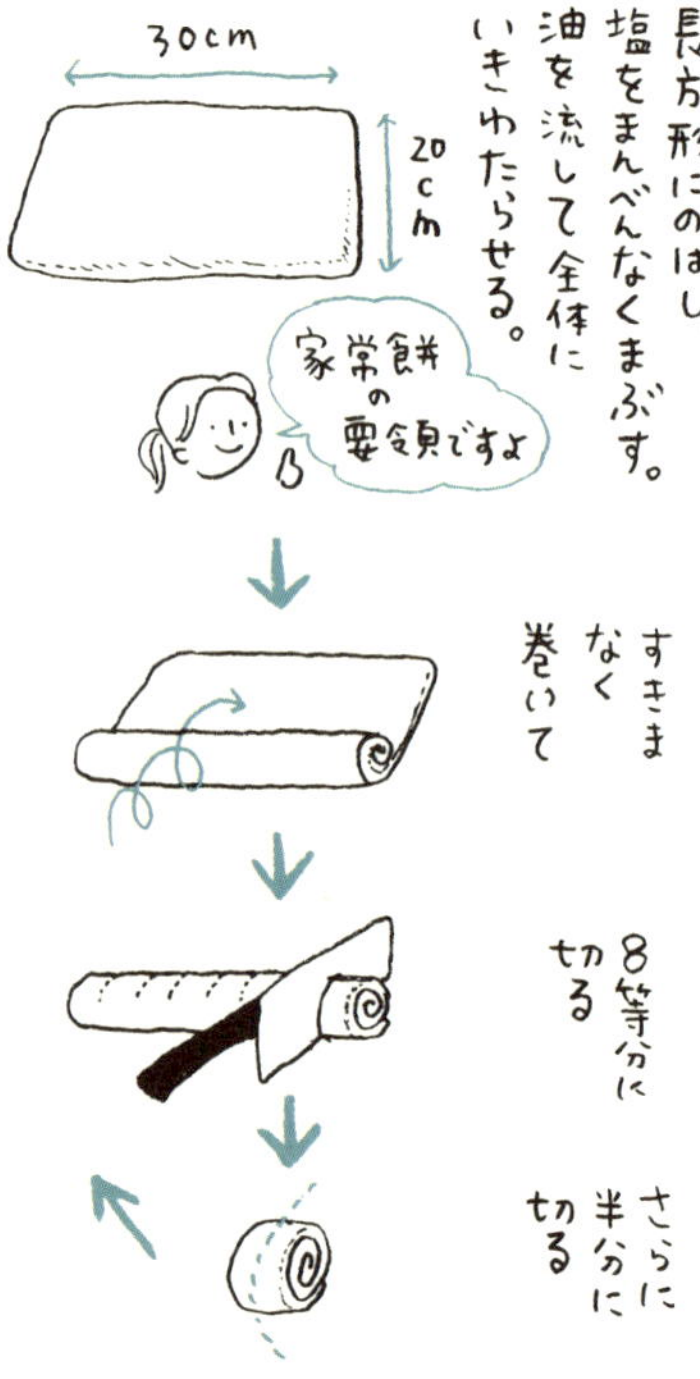

長方形にのばし、塩をまんべんなくまぶす。油を流して全体にいきわたらせる。
30cm
20cm
家常餅の要領ですよ
すきまなく巻いて
8等分に切る
さらに半分に切る

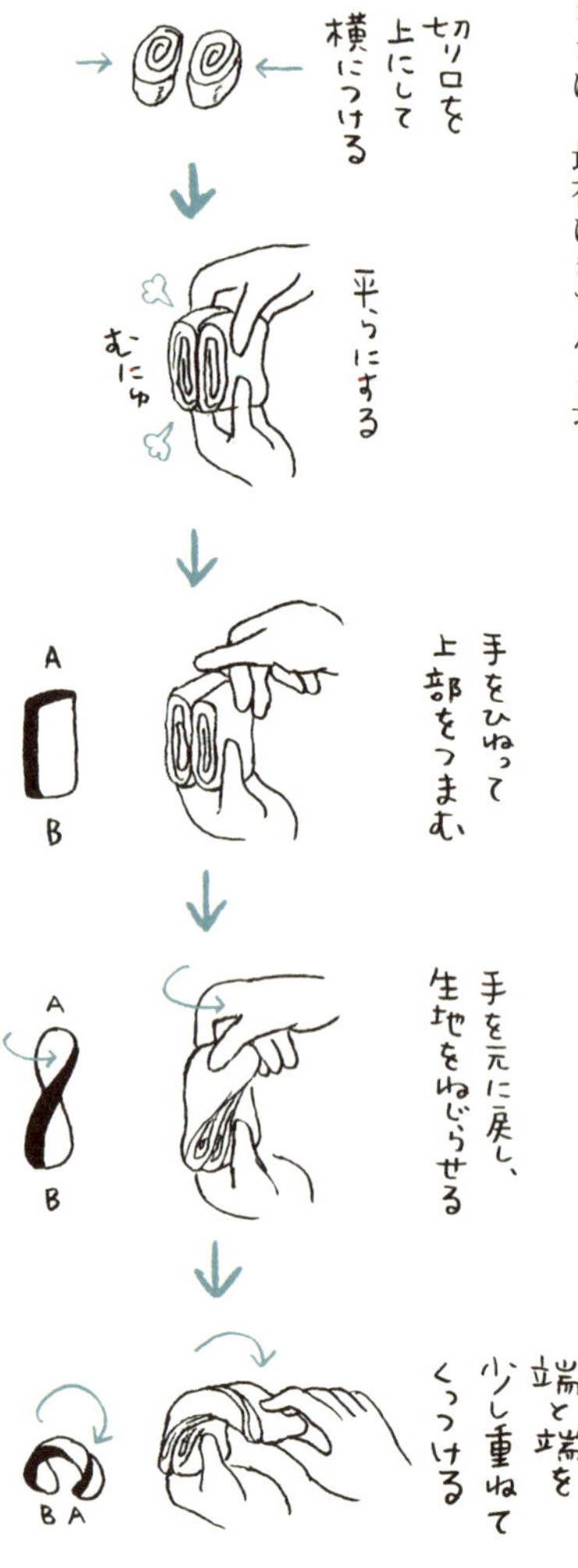

切り口を上にして横につける
平らにする
むにゅ
手をひねって上部をつまむ
A
B
手を元に戻し、生地をねじらせる
A
B
端と端を少し重ねてくっつける
B A

13 花巻

方形にのばすこと。なんでも基礎が大事です。

　成形している間にも、発酵は進みます。人によって成形にかかる時間も違いますので、二次発酵も時間ではなく目安を大事にします。（二次発酵→133頁）

　二次発酵の後は、生地の力が抜けないうちに、時間をおかずすぐに蒸してください。蒸気が上がった蒸籠《せいろう》で15分。そのまま食べても、好みのおかずをはさんでもいいです。おかずは何でも、ハンバーグなんかもいけますよ。もし花巻が余ったら、翌朝半分に切ってトーストするのもおすすめ。バターをぬるとおいしいです。

そろそろ小麦粉料理のことがだいぶわかってきたころかもしれませんね。小麦粉はとにかく慣れることが大事。花巻も、バリエーションをいろいろ変えて、何度も作ってみてください。

大事なのはできるだけ旬のものを使うこと。ここでご紹介したコーン入りの花巻は、旬のみずみずしいコーンを使うことで、暑い夏の水分補給になります。野菜は季節ごとに人間の体が求めているものに合うようになっていますので、その季節にないものは無理に食べません。それに缶詰では、生のシャキシャキ感は出ませんから、おいしさも半減です。季節のものを入れてお楽しみください。

小麦粉料理は魔法じゃありません。
慣れればできるようになる家庭料理です。

花巻バリエーション

水分が出ないものや香りのいいものを季節に合わせて旬をいただく

冬
さつま芋
春
香りのよいスパイス
夏
枝豆
コーン
秋
栗
銀杏

通年
ごまペースト
ピーナッツバター
ごま
生地を巻く前にぬります

発酵のひけつ

ドライイーストを使う生地は、温度に反応して発酵します。住む環境によって異なるため時間はあくまでも目安です。一次発酵は生地が倍にふくらめば十分。成形の間も発酵は進むので、かかった時間によって二次発酵の時間を調節します。イーストの力が一番発揮できるときに蒸せるよう、目安を覚えてください。

一次発酵
ぬれぶきんをかぶせる
蒸気を吸う
ラップは生地が呼吸できなくなるので使わない
室温で乾燥させないようにする
目安
ぬれぶきん
2倍にふくらむまで
ポンポン
たたくといい音がします
ウーのおなかもいい音がします
二次発酵
目安
切り口が
ふくれてきている
ふんわりやわらかい

14 金銀絲巻

jīn yín sī juàn

おしゃれな高級蒸しパン

金銀絲巻《ジンインスーチュアン》は上級クラスでお教えする、少し手の込んだ饅頭《マントウ》です。イメージは、麺と饅頭が合体した形の蒸しパンと考えてください。中国人はラーメンも饅頭も大好きだから、両方一緒にしてしまったんだ、と夫は冗談をよく言っていました。

外側の皮も、内側に巻き込んだ麺も、実はふつうの饅頭と同じ生地。蒸しパンや花巻《ホアチュアン》と一緒です。ただ手間がかかるので、ふだん家では作りません。街角でも、高級レストランに行かないと見かけないかもしれません。せっかく奮発して高級料理店に行ったのに、普通の形の蒸しパンでお金を取られると、がっかりしますからね。中の生地も外の生地も白1色の銀絲巻《インスーチュアン》や黄色1色の金絲《ジンスー》巻《チュアン》というのもありますが、せっかくですから、ここでは、中が黄色で外が白い金銀絲巻をご紹介しましょう。

金銀絲巻のできるまで
生地を作る（18〜19、75頁）← 一次発酵（133頁）← 成形する★ ← 二次発酵 ← 蒸す

金銀絲巻のひけつ

中国ではいろいろな蒸しパンが売られています。そのまま蒸したてのもの、蒸してから軽くトーストしたもの、フレンチトーストのように卵をつけて焼いたもの。この金銀《ジンイン》絲巻《スーチュアン》は、高級レストランで出される、見るのも食べるのも楽しい蒸しパンです。

屋台で安く食べられる蒸しパン
同じものがレストランで出てきたら…？
損した感じ!!

その面白さは、生地を糸のように細く切って同じ生地の皮でくるむという、その凝り方。蒸し上がりを割って、外側の皮にはおかずをはさんで食べ、内側の細い生地は手でほろほろとほぐしながらいただきます。ほぐすのに夢中になって、おかずを食べるのを忘れないようにご注意を。

お金を払った！という気になります。そういう料理です。
同じ生地でもひと工夫あると

生地の作り方は花巻《ホアチュアン》とまったく一緒。生地の材料を2等分して片方に色づけし、色違いの生地を作ります。（生地の作り方→18〜19、75頁／一次発酵→133頁）

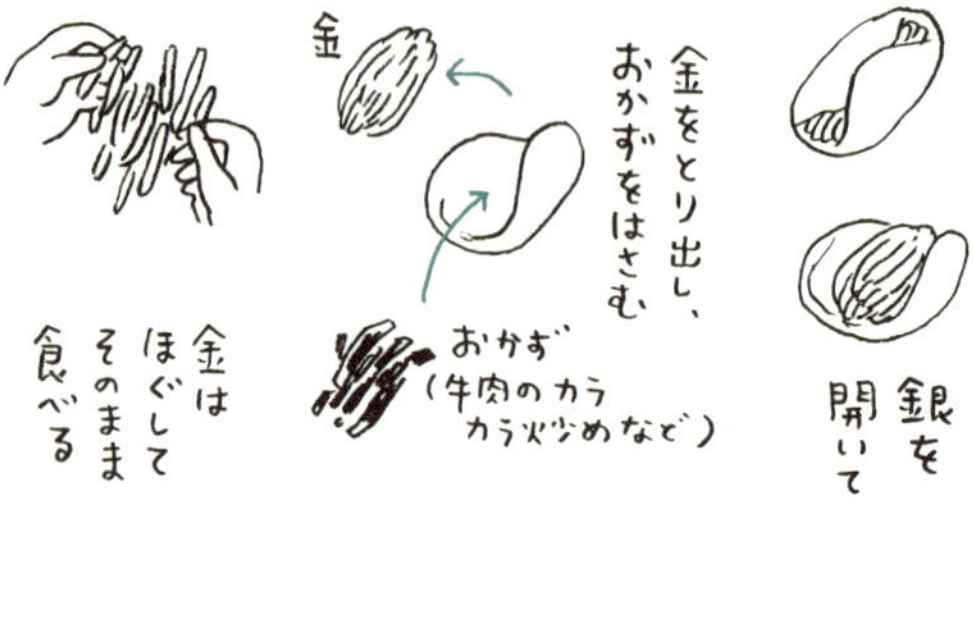
銀を開いて
金をとり出し、おかずをはさむ
金
おかず（牛肉のカラカラ炒めなど）
金はほぐしてそのまま食べる

14 金銀絲巻

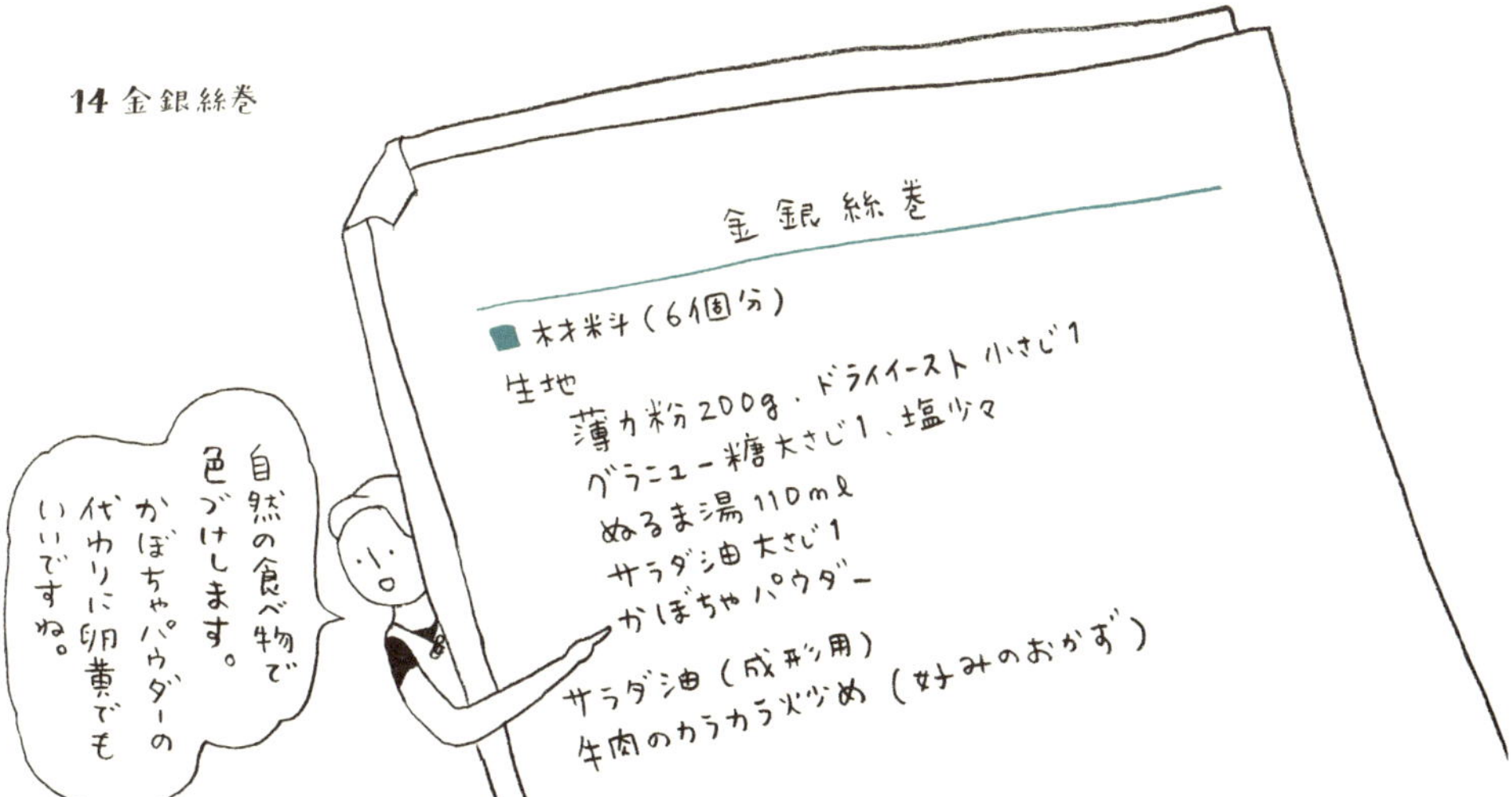
金銀絲巻
材料（6個分）
生地
薄力粉200g・ドライイースト小さじ1
グラニュー糖大さじ1、塩少々
ぬるま湯110ml
サラダ油大さじ1
かぼちゃパウダー
サラダ油（成形用）
牛肉のカラカラ炒め（好みのおかず）
自然の食べ物で色づけします。かぼちゃパウダーの代わりに卵黄でもいいですね。

卵黄を使うときは少し粉を足すか、ぬるま湯を少なくするかしてください

麺台でなめらかにこねたら、金（中の麺状の生地）と銀（外側の皮）のそれぞれを成形します。手間がかかりますので、ふだん作るのは難しいかもしれませんが、お正月やお祝いの席など、華やかな日の食卓にいかがでしょう。

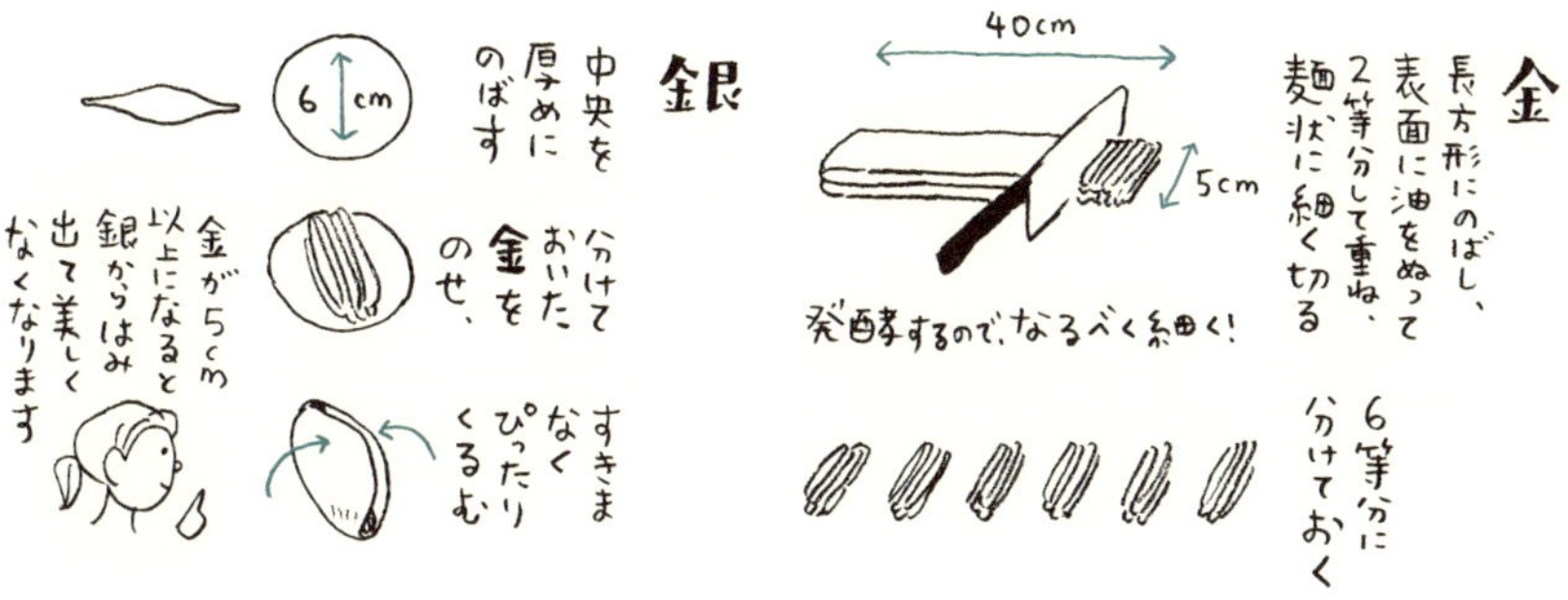
金
長方形にのばし、表面に油をぬって2等分して重ね、麺状に細く切る
40cm
5cm
発酵するので、なるべく細く！
6等分に分けておく
銀
中央を厚めにのばす
6cm
分けておいた金をのせ、
すきまなくぴったりくるむ
金が5cm以上になると銀からはみ出て美しくなくなります

15 包子

bāo zi

ふっくらほかほか、手作り肉まん

数ある小麦粉料理の中でも食欲をそそるという点では、湯気がほかほかに立つ肉まんの右に出るものはありません。特にその白くてふっくらとした小麦粉の肌にうっすらと肉汁がしみ出ているさまなどといったら……。そんな肉まんや野菜まん、あんまんなど、日本でいわゆる中華まんじゅうと呼ばれているものを中国では包子《パオズ》といいます。これを手作りできたらパフォーマンス的に絶大な効力を発揮します。ご家族やお友達の前で作れば、あなたを見る目は尊敬の眼差しとなること間違いなし！　日ごろどんなにいいかげんと思われている方でも（たとえばの話ですよ）、「やるじゃない」といわれること請け合いです。

さてさて、では本題の中国の包子の話ですが、実はあまりありません。あんの種類も日本のほうが進んでいます。ピザまんやカレーまんは中国にはありませんし、包子屋さんで大型の蒸籠《せいろう》から湯気をほかほか立てている光景も、横浜のような中華街に行けばおなじみだからです。日本人は中国人より包子好きなのかもしれませんね。

包子のできるまで

生地を作る(18〜19、75頁)← 一次発酵(133頁)← あんを作る(31頁)← 成形する★ ← 二次発酵 ← 蒸す

包子のひけつ

包子《パオズ》はスープやお茶と一緒に、簡単な食事としていただくもの。肉包《ローバオ》(肉まん)、菜《ツァイ》包《バオ》(野菜まん)、豆包《ドウバオ》(あんまん)の3種があれば、バランスよく栄養もとれます。

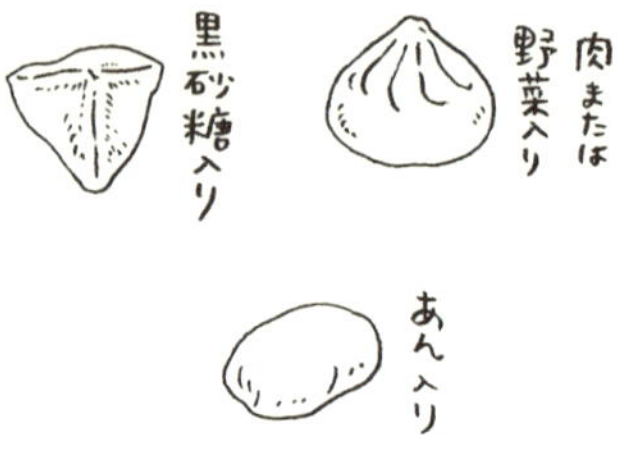

肉または野菜入り
黒砂糖入り
あん入り

包子《パオズ》の形はいろいろですが、まん中を合わせてひだを寄せ、ギュッととじたものが基本です。ここでご紹介する黒糖まんは、糖三角《タンサンチャオ》と呼ばれ、その名のとおり三角形に包むのが北京流です。

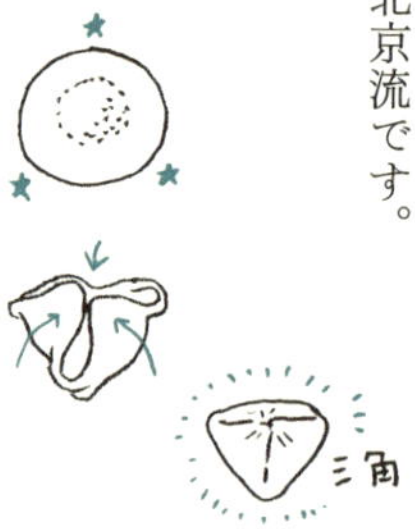

三角

成形し、二次発酵させて生地に弾力が出たら15分程蒸してでき上がり。(生地の作り方→18〜19、75頁/あんの作り方→31頁/発酵→133頁)くれぐれも蒸しすぎにはご注意ください。皮がかたくなりますし、うまみも飛んでしまいます。

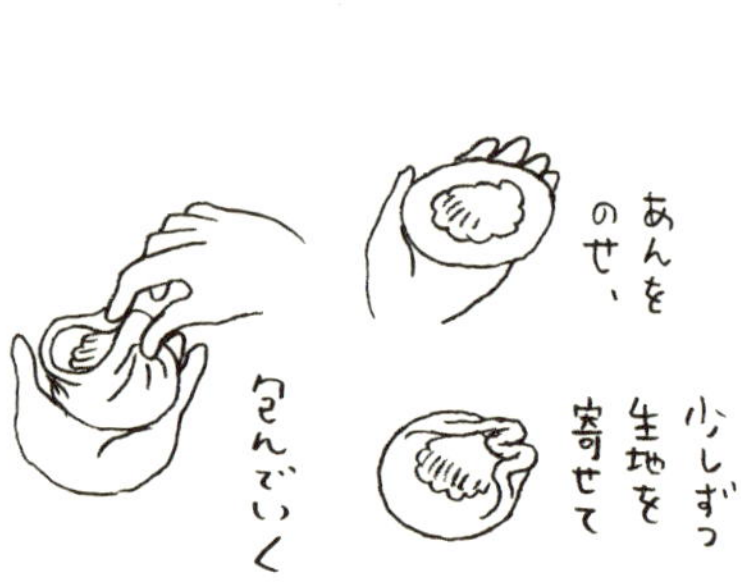

あんをのせ、
少しずつ生地を寄せて
包んでいく

よく見てー
お店のみたい!!

数ある小麦粉料理の中でも、日本にもっともなじみ深い包子。蒸籠《せいろう》ごと食卓に並べて、

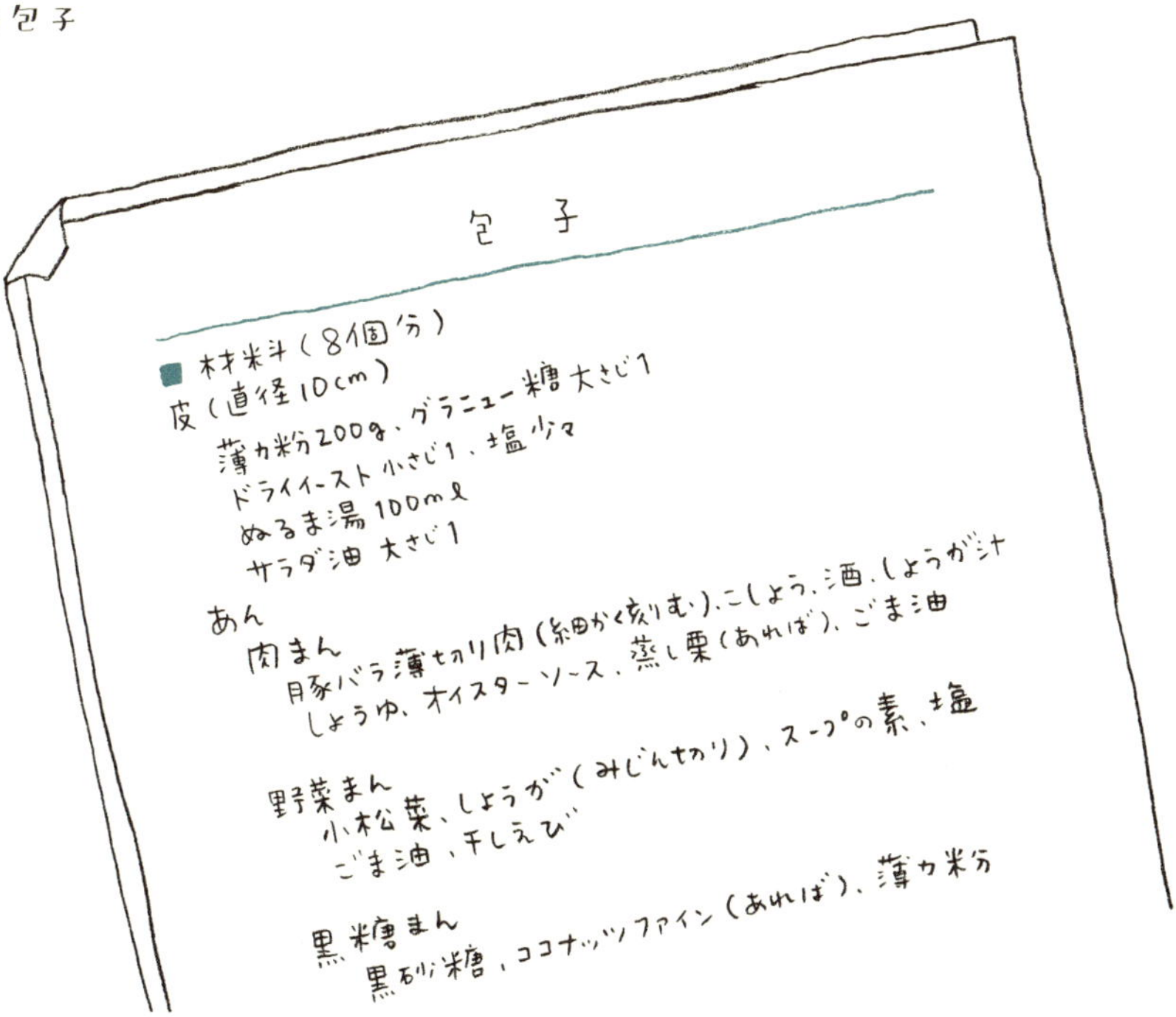
包子
材料（8個分）
皮（直径10cm）
薄力粉200g、グラニュー糖大さじ1
ドライイースト小さじ1、塩少々
ぬるま湯100mℓ
サラダ油 大さじ1
あん
肉まん
豚バラ薄切り肉（細かく刻む）、こしょう、酒、しょうが汁
しょうゆ、オイスターソース、蒸し栗（あれば）、ごま油
野菜まん
小松菜、しょうが（みじん切り）、スープの素、塩
ごま油、干しえび
黒糖まん
黒砂糖、ココナッツファイン（あれば）、薄力粉

家族やお客様の前でふたをあければ、歓声があがること請け合いです。北京の家庭で作るものは小ぶりで上品。サロンの生徒さんの中には1日で10個食べたという人もいるぐらいです。

そして
成形も美しく早くなります
8個
上達すれば肉汁は左手の親ゆびにしかつかなくなります
まだ2個め…
あれ？手いっぱいに肉汁がついた…
にちゃ…

16 小籠包

xiǎo lóng bāo

スープが命

その名が示すように、小さな蒸籠《せいろう》で蒸す包子《パオズ》です。中のあんにスープがいっぱい入っているから、スープを意味する「湯《タン》」を入れて、小籠湯包《シャオロンタンバオ》と呼ぶこともあります。あんにスープ!? と驚く人もいらっしゃるかもしれませんね。スープが出てこないとただの小さい肉まんになってしまいますから、このスープが大事です。

では、小籠包《シャオロンバオ》を作るときのポイントはスープかというと、実は皮にあります。中国の名物・小籠包は、みんな皮に各店各様の秘伝があります。共通するのは、使っている天然イーストと、半発酵という生地の状態です。この半発酵の加減がすごく難しい。発酵させすぎると生地がスポンジ状になって中のスープを吸ってしまいますし、発酵が十分でないと、皮がかたくなります。また作ってもすぐに食べないと、スープが逃げてしまいます。本当に難しいですので、中国でも家では作りません。お店に行って軽食や朝ごはんとして食べることが多く、小籠包と一緒に季節の具が入ったお粥を頼むのが普通です。

小籠包のできるまで

スープをとる★ ← あんを作る★ ← 生地を作る（18～19、75頁） ← 発酵★ ← 成形する（140頁） ← 蒸す

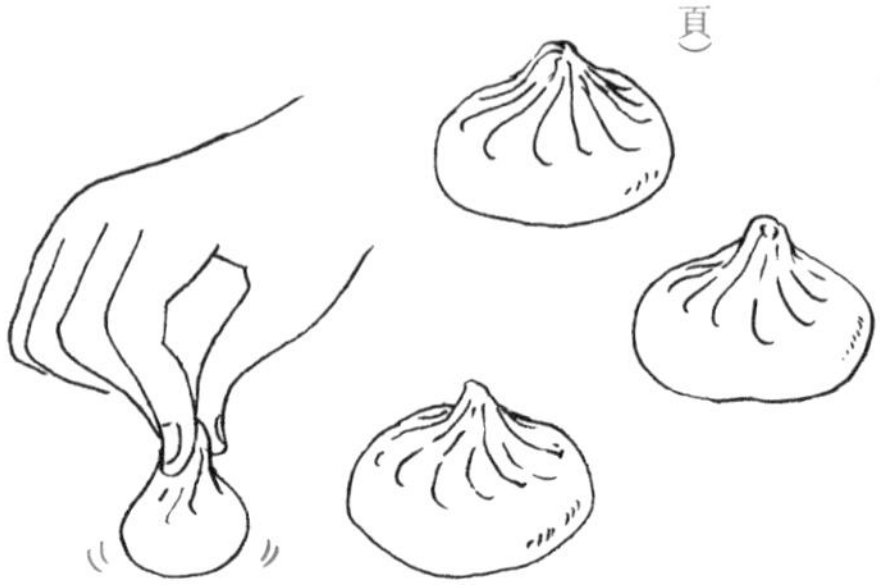

小籠包のひけつ

小籠包《シャオロンパオ》は〝瞬間〟の料理。

サロンの中でも上級クラスでお教えしているものです。難しいのは半発酵という生地の状態。しっかり発酵させると肉まんの生地のようにスポンジ状になってスープを吸い込んでしまいます。反対に発酵が足りないと、かたくておいしくありません。ちょうどいい発酵具合を逃さず成形するのがとても難しいのです。

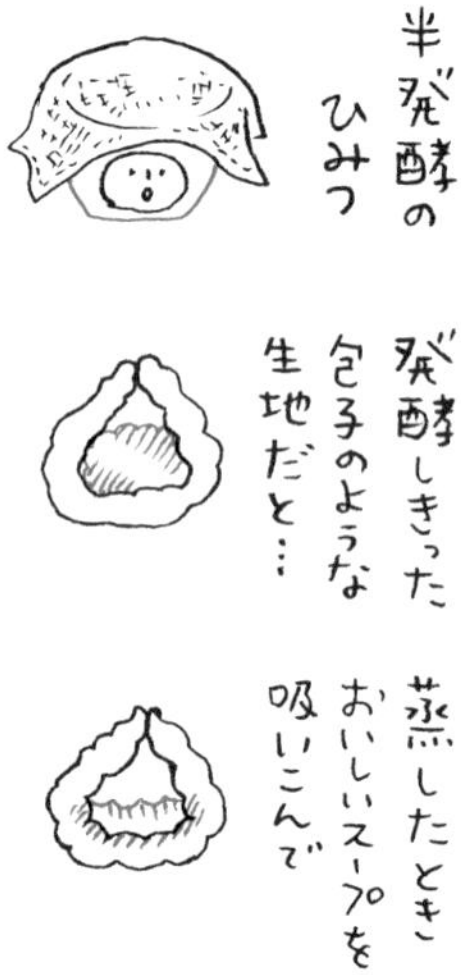
半発酵のひみつ
発酵しきった包子のような生地だと…
蒸したときおいしいスープを吸いこんで
くずれてしまう

ゼッタイヤダ
もう作りはじめないと

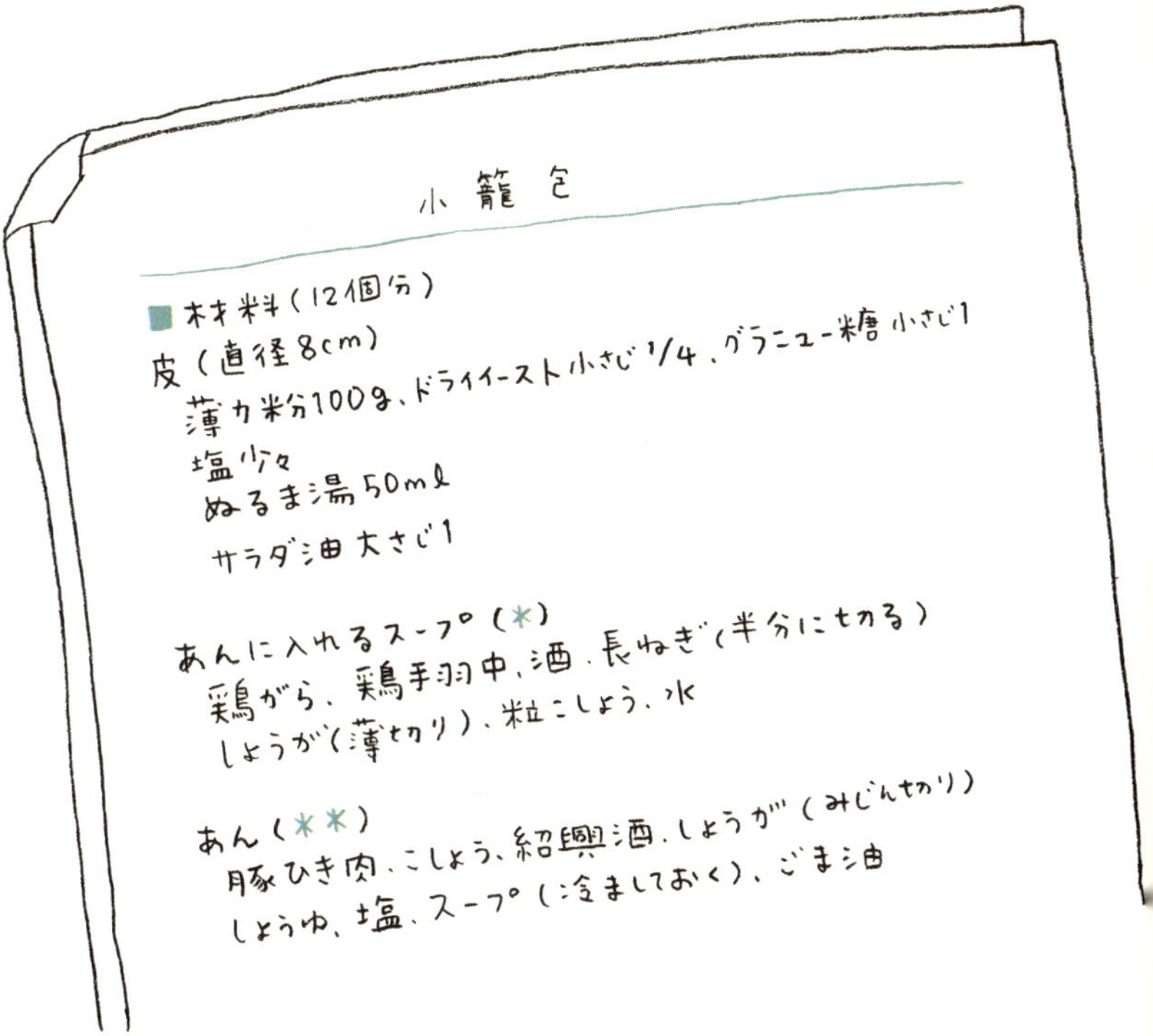
小籠包
■材料（12個分）
皮（直径8cm）
薄力粉100g、ドライイースト小さじ1/4、グラニュー糖小さじ1
塩少々
ぬるま湯50ml
サラダ油大さじ1
あんに入れるスープ（＊）
鶏がら、鶏手羽中、酒、長ねぎ（半分に切る）
しょうが（薄切り）、粒こしょう、水
あん（＊＊）
豚ひき肉、こしょう、紹興酒、しょうが（みじん切り）
しょうゆ、塩、スープ（冷ましておく）、ごま油

＊鶏がら、鶏手羽中は下ゆでしてアクを洗い落とし、その他の材料と一緒に弱火で3時間煮込む。1/3程度に煮詰まったらザルでこす。

＊＊材料を順番に加え、スープを3～4回に分けて加える。全体がどろどろになったら、ごま油を加えて混ぜ、冷蔵庫で冷やし固める。

発酵していない生地だと…
固すぎます
わかったら…
手早く作る!!ですね

発酵時間の目安は室温で約10分。タイミングをのがさないように、いつもと違って生地より先にあんを作り、準備を整えておきます。

小籠包の大切なもう一つの要素は、食べる瞬間に熱々のスープがジュワーッと広がること。このスープ、どうやって包むの？って不思議に思われる方もいらっしゃるかもしれません。実は、鶏肉のゼラチン質を利用するのがウー・ウエン流。鶏がらを3時間コトコトと煮込み、凝縮したスープには天然のゼラチン質がたっぷり。これを冷やし固めて

聞いただけでも おいしそうッ
働かないと 食べさせ ないよ～

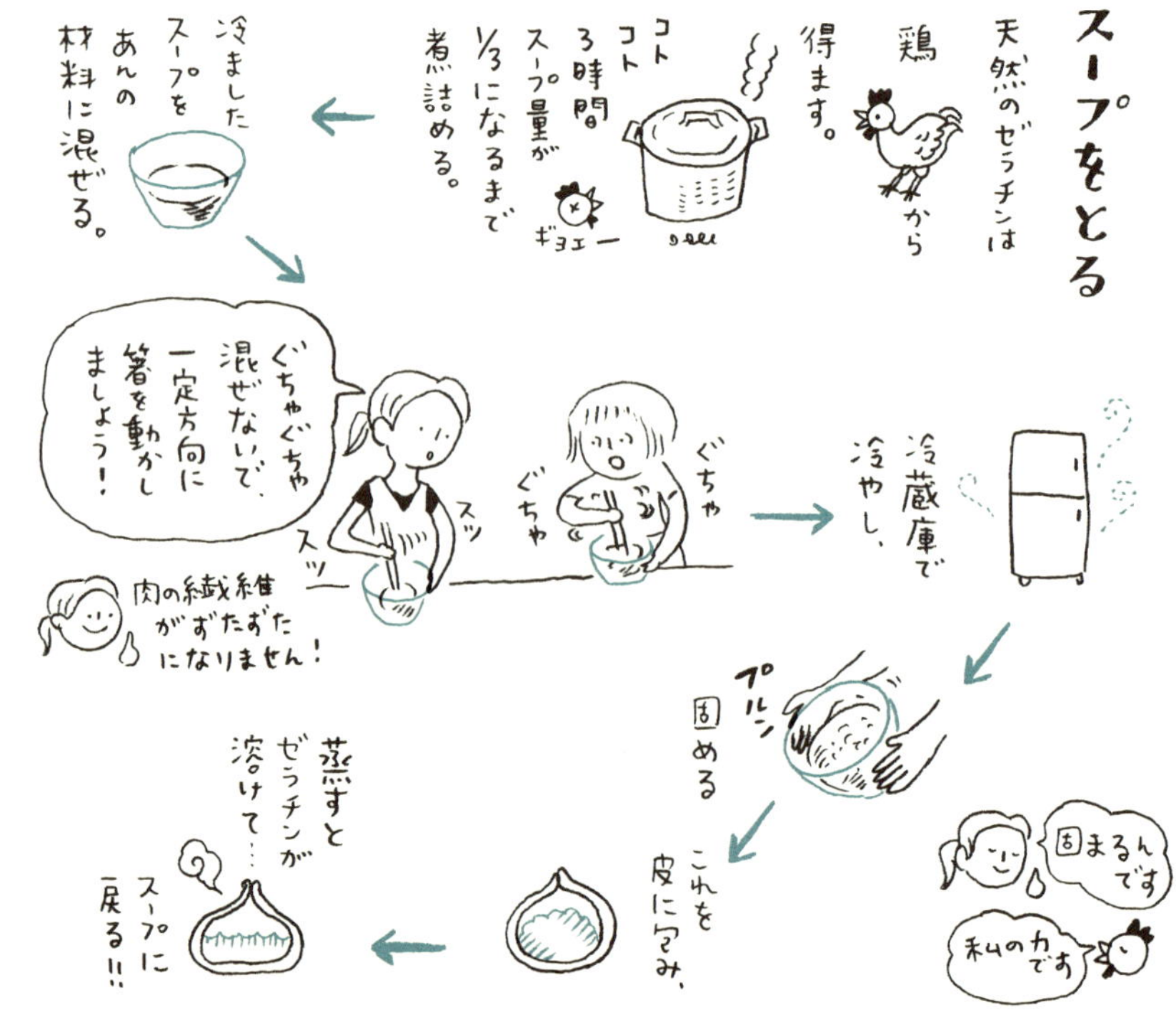
スープをとる
天然のゼラチンは 鶏 から 得ます。
コトコト 3時間 スープ量が 1/3になるまで 煮詰める。
ギョエー
冷ました スープを あんの 材料に混ぜる。
ぐちゃぐちゃ混ぜないで、一定方向に箸を動かしましょう！
スッ
スッ
ぐちゃ ぐちゃ
肉の繊維がずたずたになりません！
冷蔵庫で冷やし、
プルン
固める
固まるんです
私の力です
これを皮に包み、
蒸すとゼラチンが溶けて…スープに戻る!!

あんに混ぜます。温めればゼラチンが溶けて再びスープになるのです。

包み方は包子《パオズ》と同じでひとまわり小さいだけです。包んでいる間も発酵は進みますから、手早く作らなくてはおいしさがどんどん逃げていきます。うまく作れるようになるためには10回は練習が必要かもしれません。でもこのおいしさを知れば、その価値はあると思っていただけるのではないでしょうか。

蒸したてをそっと箸で持ち上げると、タプタプのスープの重みで、まるで巾着のよう。これを破らないようれんげにのせて、スープも余さずいただきます。

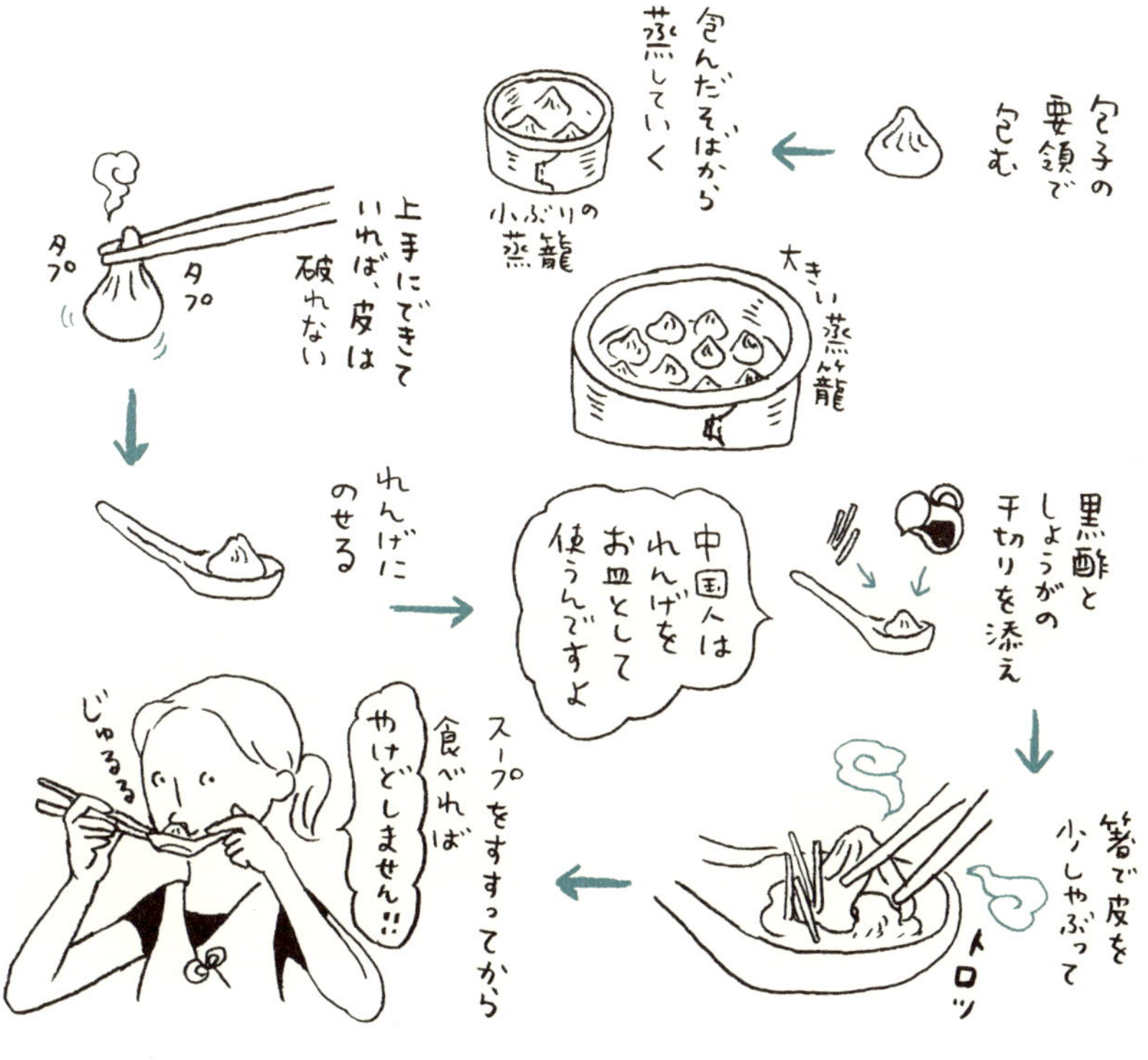
包子の要領で包む
包んだそばから蒸していく
小ぶりの蒸籠
大きい蒸籠
上手にできていれば、皮は破れない
タプ
タプ
れんげにのせる
中国人はれんげをお皿として使うんですよ
黒酢としょうがの千切りを添え
箸で皮を少しやぶって
トロッ
スープをすすってから
食べればやけどしませんっ!!
じゅるるる

17 水煎包

shuǐ jiān bāo

日本未上陸！　餃子風まんじゅう

これだけ餃子好き、肉まん好きの日本になぜないのか、とかねがね思っているものがあります。それが餃子風肉まんの水煎包《スイジァンバオ》のこと。水煎は水を入れて焼いたという意味で、包《バオ》は中華まんじゅうのこと。肉まんを餃子型に包み、大きなフライパンにぎっしり詰めて、こんがり焼いてから蒸し焼きにします。

包子は中国の北の地方の料理ですが、小ぶりの水煎包や小籠包《ショウロンバオ》はどちらかというと、南の地方の食べ物。小麦粉を主食とする北方では、肉まんのように1、2個でお腹がいっぱいになるような皮も厚くて大きいものが多く、飲茶として食べる南方のものは小さいものが多いです。面白いことに、蒸籠《せいろう》の大きさも違うんですね。北京の街角で見かけるように、北では両手で抱えきれないほど大きい蒸籠を使いますが、南の地方の蒸籠はとても小さいです。

食文化って本当に面白いですよね。肉まんを食べたいけど、大きい蒸籠がないから、じゃあ焼いてしまおう！とフライパンで焼いてしまったのが、この水煎包ですから。

水煎包のできるまで
生地を作る（18～19、75頁）←一次発酵（133頁）←あんを作る（31頁）←成形する★←二次発酵←焼く★

水煎包のひけつ

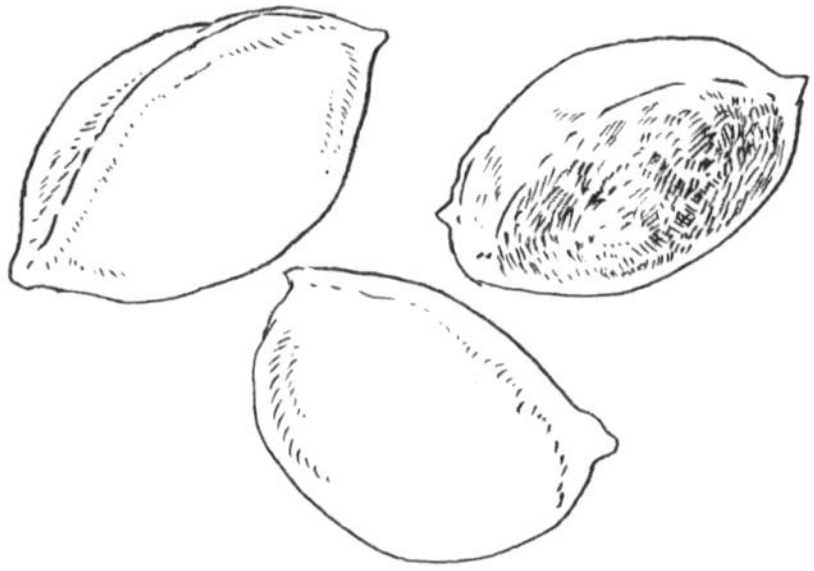

これは前にご紹介した鍋《ゴー》貼《ティエ》と同じように、家で作るというより屋台の料理ですが、蒸籠《せいろう》がいらないぶん、とても作りやすいことと思います。餃子も肉まんも大好きな日本人なら、きっと大好きになるでしょう。花巻と同じふかふかの生地を使いますから、ひだをよせずに一直線にとじます。（生地の作り方18～19、75頁／一次発酵↓133頁）

餃子と違うところは、ひだをよせず、一直線にとじるところ!!

「水煎」とはこういうことなんです
①油をしいたフライパンに並べる
②ふたをして10～30分程二次発酵
③水を入れる
じゅわわわ～
④できあがり～
ふっくら

17 水煎包

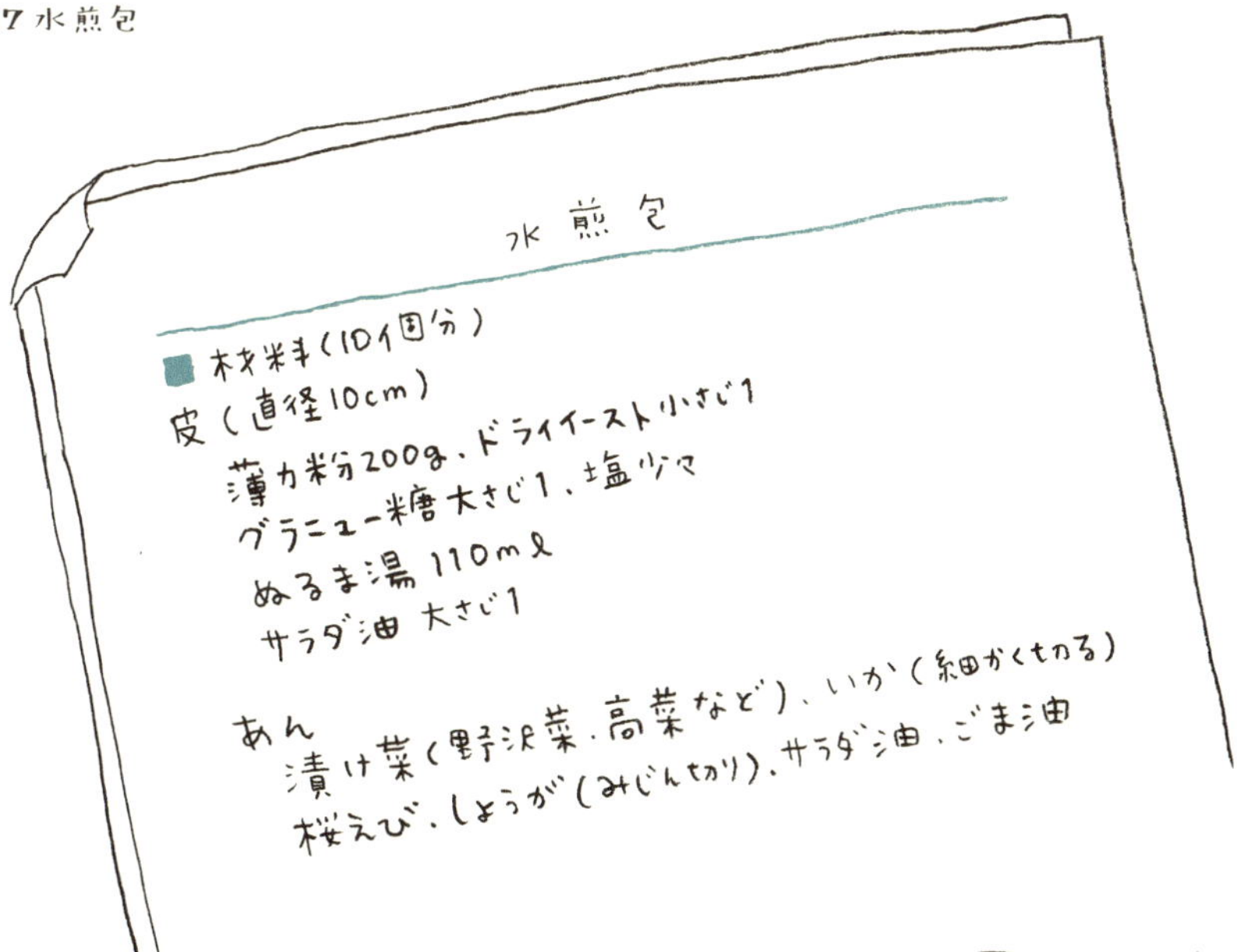
水煎包
■材料（10個分）
皮（直径10cm）
薄力粉200g、ドライイースト小さじ1
グラニュー糖大さじ1、塩少々
ぬるま湯 110ml
サラダ油 大さじ1
あん
漬け菜（野沢菜、高菜など）、いか（細かく切る）
桜えび、しょうが（みじん切り）、サラダ油、ごま油

漬け菜が入っていたり、焼いてあったり、
おやきみたい！

底がこんがりきつね色になるように焼きます。水煎包《スイジアンバオ》に「水」という字があることからもわかるように、焼くときに水を入れて、蒸し焼きにします。

ふっくらと香ばしさがひとつになった水煎包は、おやつにもぴったりです。

先生、このあんの他におすすめはありますか？
あり合わせのものでいいんですよ
気軽に作ってください

水分	発酵	発酵生地*	皮の大きさ	できる数
水 110mℓ	ねかせるだけ	×	ø 8cm	40コ
水 120mℓ		×	ø 5cm	60コ 小さいからね
熱湯 110mℓ		×	ø 8cm	12コ 粉が少ないから
熱湯 140mℓ		×	ø 8~9cm	36コ
熱湯 170mℓ		×	ø 15cm	16枚 焼くときは8枚
ぬるま湯 140mℓ		×		2枚
〃		×		2枚
〃	発酵（1次+2次）	○		8コ
〃		○		8コ
〃		○		10コ 焼餅より小さめ
〃	発酵（1次）	○**		3本
〃		○**		3枚
熱湯 70mℓ	ねかせる	×	豚肉 ø 8cm 二米 ø 10cm	24コ 皮がうすい
水 130mℓ		×	・ 包まない	3~4杯
水 80mℓ かたい		×	・	3~4杯
ぬるま湯 110mℓ★	発酵（1次+2次）	○	・	8コ
〃		○	銀 ø 6cm	6コ 中に巻く分少ない
ぬるま湯 100mℓ		○	ø 10cm	8コ 市販のより小ぶり
ぬるま湯 50mℓ		△	ø 8cm	12コ
ぬるま湯 110mℓ		○	ø 10cm	10コ

★ コーン入りは90mℓ

* 小麦粉にドライイースト、グラニュー糖、塩を加え、こねたあとにサラダ油を加える。

** 小麦粉に重曹、みょうばん、塩を加える。

生地のひけつリスト

				調理方法	粉の種類	粉の総量
餃子の章	1	水餃子	キソのキソ	ゆでる	強力粉	200g
	2	小餃子	スープ		〃	〃
	3	蒸餃子	皮が透明	蒸す	浮き粉5：片栗粉2	70g
焼き餃子	4	鍋貼			薄力粉	200g
餅の章	5	春餅	北京ダックの皮		強：薄＝5:5	200g
	6	家常餅	塩味プレーン	焼く	薄力粉	200g
		葱花餅	葱入り		〃	〃
	7	椒塩焼餅	花椒		強力粉	200g
		麻醤焼餅	ねりごま		〃	〃
	8	空心餅			〃	200g
揚げパン	9	油条		揚げる	強：薄 5：5	200g
		油餅				〃
焼麦の章	10	焼麦	しゅうまい	蒸す	薄力粉	100g
麺の章	11	担々麺	タレ辛	ゆでる	強力粉	200g
	12	炸醤麺	肉みそ		〃	〃
饅頭・包子の章	13	花巻			薄力粉	200g
蒸しパン	14	金銀絲巻	高級	蒸す	〃	〃
肉まん	15	包子			〃	200g
蒸し焼きパン（おやき）	16	小籠包			〃	100g
	17	水煎包		蒸し焼き	〃	200g

餅は成形に油を用いて層を作ります

フライパンで焼くパンでしたね

おわりに

北京と東京は、飛行機でたったの3時間です。

これだけ交通も、情報の流通も発達しているのに、多くの日本の方々にとっては、中国はまだまだ「近くて遠い国」。その距離を少しでも縮めたい――そんな願いをもって夫とともにサロンを始めて、もう11年になります。

政府や企業同士の日中交流は、以前に比べると今ではだいぶ活発になってきていますす。しかし餃子の例でもわかる通り、私たち普通の人にとっては、まだまだ知らないことがたくさん。どんなにささいなことでも知らなければ、時にはとんだ誤解を生み出して、関係がぎくしゃくしてしまったり、なんていうことになりかねません。でも、一つ同じ台所に立ってしまえば、日本も中国も関係なく、みんな自分の家族においしいものを食べさせたいという思いでつながります。交流が自然と深まって、お互いの考えや文化の違いを知り合えるのです。

このことは、私自身が日本で生活をする上で実感してきたことでした。

17年前に日本のことを何も知らないままやってきて、日本人の夫と結婚することになりました。出版プロデューサーだった彼からは、大事なことをたくさん教わりましたが、出産・子育てについては、さすがにわからないことばかり。しかも私はそれを異国で初めて経験するのですから、不安だらけです。でも、それを何とか乗り越えてこられたのは、まわりにいる友人やご近所の奥さん、たくさんの方々の支えがあったからに他なりません。何かあってはすぐに質問し教えていただく、を繰り返すうち、どんどん仲良くなり、お互いの家の台所を行き来するようにまでなって、たくさんのことを話し合うようになりました。子どものこと、学校のこと、食べ物のこと、いま流行っていること、お互いの国のことなどなど。

このことは、私にたくさんのことを授けてくれました。日本語が上達したというのはもちろん（話し方はまだちょっと変ですか？）、日本で仕事をし、子育てをし、生活をする自信を与えてくれました。

ですから、私がいま行っている活動は、中国のためにというより、私を育ててくれた中国と、私を成長させてくれた日本のために、その両国の架け橋になりたいという思いからきています。

サロンには、様々な生徒さんが通います。もともと知り合いだった方、ご紹介で通い始めた方、本を見て問い合わせてきてくださった方。きっかけはいろいろですが、みなさん本当に仲良くなって、料理を作って食べておしゃべりし、情報交換をし合います。ウーにたくさん質問をしてくださいますし、失敗もしてくださいます(?)。これが私にとっても大変勉強になり、そういう意味では生徒さんも私の先生なんですね。おかげさまで、ウーの教え方も堂に入ってきたと大変評判です。私が直接教えるという手作りのこのスタイルは、私の仕事の考え方のうえでは師匠でもある、今は亡き夫との約束でした。だから、これから年をとっておばあちゃんになったとしても、ずっと続けていくつもりです。

そして、私の古くからの生徒に、今回のイラストを担当してくれた川口澄子さん(写真右)がいます。旅先で主人の知人と偶然知り合ったのがきっかけで、彼女がサロンに通い始めたのは、もう10年も前のこと。当時はまだまだ駆け出しだった彼女が、その間ずっと、サロンで教えたことをたくさんスケッチでメモしてくれていました。いまでは川口さんもとても人気のイラストレーターさんですが、まさかここから今回の本が生まれることに

つながるとは、私も彼女も実はまったく思ってもいないことでした。

ご縁って本当に不思議ですよね。読者のみなさまがこの本を手にしてくださったのも、ウーにとっては大変うれしいご縁です。この本とみなさまとの出合いは、自称・日中文化交流大臣のウー・ウェンとしては、栄えある成果の一つと言えるのですから。

ウー・ウェンクッキングサロンは、本日も開業です。

二〇〇七年六月
ウー・ウェン

スタッフ

四ツ井明江

公私ともに頼れます。時には子どもたちのニセママに変身。

羽根田亜矢

仕事っぷりは、120パーセント。料理もとても上手。

江口紀子

料理の腕前は…(?…)、中国語は中国人並み！美人です。

田中憲子

一緒にいると心がなごむ、ムードメーカー。

城野洋子

とっても気持ちがやさしく、まじめな子。

麻生弘子

元気さにおいても、人に対する思いやりにおいても、すべてが超人級！

吉村京子

マネージャー。唯一のしっかり者、かな？

番外 川口澄子

スタッフではなく生徒ですが、職業柄か天分の才か、観察力がすごい。ウー・ウェン2世かと思うほど、私のことをよくわかってくれています。

ウー・ウェン

生粋の北京っ子。1990年に来日。あっさりとしたやさしい味の北京の家庭料理が評判となり、料理研究家の道へ。東京と北京で主催するクッキングサロンでは、料理はもちろん、中国の暮らしの知恵や文化などについても紹介している。おいしいものが大好きな両親から受け継いだ料理の腕前と、北京師範大学で培ったわかりやすい教え方、そして明るく親しみのあるキャラクターで人気を博し、サロンには常に入学希望者が殺到。雑誌、テレビ、ラジオ、講演と幅広く活躍し、日中交流の架け橋となるべく、日々奔走中。家庭では二人の子どもをやさしく厳しく面白く、愛情たっぷりに育てる母親で、しっかり者の娘と父親譲りの楽しい息子が何よりの宝物。

主な著書
『ウー・ウェンの北京小麦粉料理』『ウー・ウェンの台所革命』（高橋書店）、
『ウー・ウェンのきれいなからだの基本献立』（文化出版局）、
『ウー・ウェンの芯から元気になる家常菜』（光文社文庫）、
『東京の台所　北京の台所』（岩崎書店）など多数。

ウー・ウェンクッキングサロン
電話　〇三・三四四七・六一七一
Eメール　lin-wu@ii.em-net.jp

ちょっと変わった服が好き

ウー・ウェンクッキングサロン　読本1　小麦粉料理

どうしてもわからなかった おいしさのひみつ

二〇〇七年六月三〇日　初版第一刷発行

著者　ウー・ウェン
画　川口澄子
写真　佐藤克秋
編集　吉越久美子（朝日出版社）
発行者　原雅久
発行所　株式会社朝日出版社
東京都千代田区西神田三・三・五
郵便番号　一〇一・〇〇六五
電話　〇三・三二六三・三三二一（代表）
http://www.asahipress.com
印刷・製本　凸版印刷株式会社

レイアウト　文京図案室
プリンティングディレクター　森岩麻衣子（凸版印刷）

ISBN978-4-255-00392-4